Den Kinesiske Gastronomi
En Rejse gennem Smagernes Verden

Lise Andersen

Indhold

Sød og sur karpe 10
Karpe med tofu 12
Fiskeruller med mandler 14
Torsk med bambusskud 16
Fisk med bønnespirer 18
Fiskefileter i brun sauce 20
kinesiske fiskefrikadeller 21
Sprødstegt fisk 22
Stegt torsk 23
Fem krydret fisk 24
Duftende fiskestænger 25
Fisk med agurker 26
Torsk krydret med ingefær 27
Torsk med mandarinsauce 29
Fisk med ananas 31
Fiskeruller med svinekød 33
Fisk i risvin 35
Hurtigstegt fisk 36
Fisk med sesamfrø 37
Dampede fiskeboller 38
Sød og sur marineret fisk 39
Fisk med eddikesauce 40
Stegt ål 42
Tørret ål 43
Ål med selleri 45
Paprika fyldt med kuller 46
Kuller i sort bønnesauce 47
Fisk i brun sauce 48
Fem krydret fisk 49
Kuller med hvidløg 50
Fisk med varme krydderier 51

Ginger Haddock med Pak Soi	53
Hjemmefletninger	55
Dampede fiskeruller	56
Helleflynder med tomatsauce	58
Havtaske med broccoli	59
Mollet med tyk sojasovs	61
Lake Lääne fisk	62
Stegt fisk og skaldyr	63
Dampet fisk og skaldyr med kinesiske svampe	64
Havaborre med hvidløg	65
Havbars med ananassauce	66
Laks med tofu	68
Stegt marineret fisk	69
Ørred med gulerødder	70
Stegt ørred	71
Ørred med citronsauce	72
kinesisk tun	74
Marinerede fiskebøffer	76
Rejer med mandler	77
Anis rejer	78
Rejer med asparges	79
Bacon rejer	80
Rejekugler	81
Grillede rejer	83
Rejer med bambusskud	84
Bønnespirerejer	85
Rejer med sorte bønnesauce	86
Rejer med selleri	87
Stegte rejer med kylling	88
Chili rejer	89
Rejer Chop Suey	90
Rejer Chow Mein	91
Rejer med græskar og litchi	92
Rejer med krabbe	94
Rejer med agurk	96
reje karry	97

Rejer og champignon karry	98
Stegte rejer	99
Stegte rejer	100
Rejekugler med tomatsauce	101
Rejer og æggebæger	103
Rejeægruller	104
Rejer i fjernøstlig stil	106
Foo Yung rejer	108
Rejefrites	109
Stegte rejer i sauce	111
Rejer pocheret med skinke og tofu	113
Rejer i hummersauce	114
Marineret abalone	116
Stuvede bambusskud	117
Kylling med agurker	118
Kylling Susan	119
Litchi med ingefær	120
Røde kogte kyllingevinger	121
Krabbekød med agurk	122
Marinerede svampe	123
Svampe med marineret hvidløg	124
Rejer og blomkål	125
Sesamskinke stænger	126
Kold tofu	127
Kylling med bacon	128
Kylling og banan pommes frites	129
Kylling med ingefær og svampe	130
Kylling og skinke	132
Grillet kyllingelever	133
Krabbekugler med vandkastanjer	134
Dim sum	135
Skinke og kyllingeruller	136
Salg af bagt skinke	138
Pseudo-røget fisk	139
Fyldte svampe	141
Svampe med østerssauce	142

Svineruller og salat 143
Svinekødboller og kastanjer 145
Svinekød kugler 146
Rissoles af svin og kalvekød 147
Sommerfuglerejer 148
kinesiske rejer 149
Rejekiks 150
Sprøde rejer 151
Rejer med ingefærsauce 152
Rejer og nudelruller 153
Rejetoast 155
Svinekød og rejer Wonton med sød og sur sauce 156
Hønsekødssuppe 158
Bønne- og svinesuppe 159
Abalone og svampesuppe 160
Kylling og asparges suppe 162
Oksekød suppe 163
Kinesisk oksekød og bladsuppe 164
Kålsuppe 165
Krydret oksekødsuppe 166
Himmelsk suppe 168
Kylling og bambusskudsuppe 169
Kylling og majssuppe 170
Kylling og ingefær suppe 171
Kinesisk kyllingesuppe med svampe 172
Kylling og rissuppe 173
Kylling og kokossuppe 174
Krebsdyrsuppe 175
Æggesuppe 176
Krabbe og muslingesuppe 177
Krabbesuppe 179
Fiske suppe 180
Fiskesuppe og salat 181
Ingefærbollesuppe 183
Stærk og syrlig suppe 184
Svampesuppe 185

Svampe- og kålsuppe 186
Svampesuppe og æggedråber 187
Kastanjesuppe med svampe og vand 188
Svinekød og svampesuppe 189
Svinekød og brøndkarse suppe 190
Svinekød og agurkesuppe 191
Flæskekugle og nudelsuppe 192
Spinat og tofu suppe 193
Suppe med sukkermajs og krabbe 194
Sichuan suppe 195
Tofu suppe 197
Tofu og fiskesuppe 198
Tomatsuppe 199
Tomat og spinatsuppe 200
Kålsuppe 201
Grøntsagssuppe 202
Vegetar suppe 203
Brøndkarse suppe 204
Stegt fisk med grøntsager 205
Hel kogt fisk 207
Dampet sojafisk 208
Sojafisk med østerssauce 209
Dampet bas 211
Stuvet fisk med svampe 212
Sød og sur fisk 214
Fisk fyldt med svinekød 216
Stuvet krydret karpe 218

Sød og sur karpe

Du bærer 4

1 stor karpe eller lignende fisk
300 g/11 oz/¬œ kop majsmel (majsstivelse)
250 ml / 8 fl oz / 1 kop vegetabilsk olie
30 ml/2 spsk sojasovs
5 ml / 1 tsk salt
150 g/5 oz ¬Ω fuld sukkerkop
75 ml/5 spiseskefulde vineddike
15 ml/1 spsk risvin eller tør sherry
3 forårsløg (løg), finthakket
1 skive ingefærrod, finthakket
250 ml/8 fl oz/1 kop kogende vand

Rens og rens fisken og lad den trække i koldt vand i flere timer. Tør og tør, og lav derefter flere snit på begge sider. Reserver 30 ml/2 spsk majsmel og bland gradvist nok vand i det resterende majsmel til en stiv dej. Læg fisken i dejen. Varm olien meget varm op og steg fisken til den bliver sprød udenpå, skru derefter ned for varmen og steg videre indtil fisken er blød. Bland i mellemtiden den resterende majsstivelse, sojasovs, salt, sukker, vineddike, vin eller sherry, løg og ingefær. Når fisken er tilberedt, overføres den til et varmt serveringsfad. Tilsæt sauce- og vandblandingen til olien og varm op under godt omrøring, indtil saucen tykner. Hæld over fisken og server med det samme.

Karpe med tofu

Du bærer 4

1 karpe

60 ml/4 spsk jordnøddeolie

225 g/8 oz tofu, skåret i tern

2 primære løg (løg), finthakket

1 fed hvidløg, finthakket

2 skiver ingefærrod, finthakket

15 ml/1 spsk chilisauce

30 ml/2 spsk sojasovs

500 ml/16 fl oz/2 kopper bouillon

30 ml/2 spsk risvin eller tør sherry

15 ml/1 spsk majsmel (majsstivelse)

30 ml/2 spsk vand

Skær, trim og rens fisken og klip tre diagonale linjer på hver side. Varm olien op og steg tofuen forsigtigt, indtil den er gyldenbrun. Fjern fra panden og afdryp godt. Tilsæt fisken i gryden og kog den gylden, tag den derefter ud af gryden. Dræn alt undtagen 15 ml/1 spsk olie, og steg derefter løg, hvidløg og ingefær i 30 sekunder. Tilsæt chilisauce, sojasauce, bouillon og vin og bring det i kog. Tilsæt forsigtigt fisken sammen i gryden tofu og kog uden låg i cirka 10 minutter, indtil fisken er kogt og saucen er reduceret. Overfør fisken til et opvarmet serveringsfad og hæld tofuen ovenpå. Bland majsmel og vand til en pasta, rør i saucen og kog under omrøring, indtil saucen tykner lidt. Hæld over fisken og server med det samme.

Fiskeruller med mandler

Du bærer 4

100 g/4 oz/1 kop mandler

450 g/1 lb torskefileter

4 skiver røget skinke

1 løg (løg), hakket

1 skive ingefærrod, hakket

5 ml/1 tsk majsmel (majsstivelse)

5 ml/1 tsk sukker

2,5 ml/¬Ω teskefuld salt

15 ml/1 spsk sojasovs

15 ml/1 spsk risvin eller tør sherry

1 æg, let pisket

olie til stegning

1 citron, skåret i skiver

Kog mandlerne i kogende vand i 5 minutter, afdryp og hak. Skær fisken i 9 cm/3¬Ω firkanter og skinken i 5 cm/2 firkanter. Rør forårsløg, ingefær, majsstivelse, sukker, salt, sojasovs, vin eller sherry og æg i. Dyp fisken i blandingen og læg fisken på arbejdsfladen. Top med mandler og top med en skive skinke. Rul fisken og bind opvarm olien sammen med kokken og steg fiskerullerne i et par minutter til de er gyldne. Afdryp på køkkenpapir og server med citron.

Torsk med bambusskud

Du bærer 4

4 tørrede kinesiske svampe

900g/2lb torskefileter i tern

30 ml/2 spsk majsmel (majsstivelse)

olie til stegning

30 ml/2 spsk jordnøddeolie

1 løg (løg), skåret i skiver

1 skive ingefærrod, hakket

salt

100 g/4 oz bambusskud, skåret i skiver

120 ml/4 fl oz/¬Ω fiskefond kop

15 ml/1 spsk sojasovs

45 ml/3 spsk vand

Udblød svampene i varmt vand i 30 minutter og afdryp. Kassér stilkene og klip hætterne af. Drys halvdelen af fisken over majsmel. Varm olien op og steg fisken gyldenbrun. Afdryp på køkkenrulle og hold varmt.

Varm samtidig olien op og steg løg, ingefær og salt let brunet. Tilsæt bambusskuddene og kog i 3 minutter. Tilsæt bouillon og sojasovs, bring det i kog og lad det simre i 3 minutter. Bland den resterende majsstivelse med vand til en pasta, tilsæt til gryden og kog under omrøring, indtil saucen tykner. Hæld over fisken og server med det samme.

Fisk med bønnespirer

Du bærer 4

450 g / 1 lb bønner

45 ml/3 spsk jordnøddeolie

5 ml / 1 tsk salt

3 skiver ingefærrod, hakket

450 g/1 lb fiskefileter i skiver

4 te(e), skåret i skiver

15 ml/1 spsk sojasovs

60 ml/4 spsk fiskefond

10 ml/2 tsk majsmel (majsstivelse)

15 ml / 1 spsk vand

Kog bønnerne i kogende vand i 4 minutter og dryp dem godt af. Varm halvdelen af olien op og steg i salt og ingefær i 1 minut. Tilsæt fisken og lad den stege, indtil den er let brunet, og tag den derefter af gryden. Varm den resterende olie op og steg løget i 1 minut. Tilsæt sojasauce og bouillon og bring det i kog. Kom fisken tilbage i gryden, læg låg på og kog i 2 minutter, indtil fisken er gennemstegt. Bland majsmel og vand til en pasta, tilsæt til gryden og kog under omrøring, indtil saucen bliver klar og tykner.

Fiskefileter i brun sauce

Du bærer 4

450 g/1 lb torskefileter, tykke skiver

30 ml/2 spsk risvin eller tør sherry

30 ml/2 spsk sojasovs

3 forårsløg (løg), finthakket

1 skive ingefærrod, finthakket

5 ml / 1 tsk salt

5 ml/1 tsk sesamolie

30 ml/2 spsk majsmel (majsstivelse)

3 æg, pisket

90 ml/6 spsk jordnøddeolie

90 ml/6 spsk fiskefond

Læg fiskefileterne i en skål. Bland vin eller sherry, sojasovs, purløg, ingefær, salt og sesamolie, hæld over fisken, dæk med låg og lad marinere i 30 minutter. Fjern fisken fra marinaden og drej den i majsmel, og dyp den derefter i det sammenpiskede æg. Varm olien op og steg fisken til den bliver gyldenbrun på ydersiden. Hæld olien i og bland bouillon og resten af marinaden i. Bring det i kog og lad det simre i cirka 5 minutter, indtil fisken er kogt.

kinesiske fiskefrikadeller

Du bærer 4

450 g/1 lb hakket (malet) torsk

2 primære løg (løg), finthakket

1 fed hvidløg, knust

5 ml / 1 tsk salt

5 ml/1 tsk sukker

5 ml/1 tsk sojasovs

45 ml/3 spsk vegetabilsk olie

15 ml/1 spsk majsmel (majsstivelse)

Bland torsk, forårsløg, hvidløg, salt, sukker, sojasovs og 10 ml/2 tsk olie. Ælt godt, drys lidt majs af og til, indtil blandingen bliver blød og elastisk. Form 4 fiskefrikadeller. Varm olien op og steg kagerne i cirka 10 minutter til de bliver gyldne, flade dem under stegning. Serveres varm eller kold.

Sprødstegt fisk

Du bærer 4

450 g/1 lb fiskefileter, skåret i strimler
30 ml/2 spsk risvin eller tør sherry
salt og friskkværnet peber
45 ml/3 spsk majsmel (majsstivelse)
1 æggehvide, let pisket
olie til stegning

Kom fisken i vin eller sherry og smag til med salt og peber. Støv let med majsstivelse. Pisk det resterende majsmel i æggehviden, til det er stivt, og dyp fisken i dejen. Varm olien op og steg fiskestrimlerne i et par minutter, indtil de er gyldenbrune.

Stegt torsk

Du bærer 4

900g/2lb torskefileter i tern

salt og friskkværnet peber

2 æg, pisket

100 g/4 oz/1 kop almindeligt (all-purpose) mel.

olie til stegning

1 citron, skåret i skiver

Krydr torsken med salt og peber. Pisk æg og mel til en dej og smag til med salt. Dyp fisken i dejen. Varm olien op og steg fisken i et par minutter, indtil den er brunet og gennemstegt. Afdryp på køkkenpapir og server med citronskiver.

Fem krydret fisk

Du bærer 4

4 kodefaner

5 ml/1 tsk fem krydderier pulver

5 ml / 1 tsk salt

30 ml/2 spsk jordnøddeolie

2 fed hvidløg, hakket

2,5 ml/1 ingefærrod, hakket

30 ml/2 spsk risvin eller tør sherry

15 ml/1 spsk sojasovs

et par dråber sesamolie

Gnid fisken med fem krydderier og salt. Varm olien op og steg fisken let brunet på begge sider. Fjern fra panden og tilsæt de resterende ingredienser. Varm op under omrøring, kom derefter fisken tilbage i gryden og varm forsigtigt op inden servering.

Duftende fiskestænger

Du bærer 4

30 ml/2 spsk risvin eller tør sherry

1 forårsløg (løg), finthakket

2 æg, pisket

10 ml/2 tsk karrypulver

5 ml / 1 tsk salt

450 g/1 lb hvide fiskefileter, skåret i strimler

100 g/4 oz brødkrummer

olie til stegning

Rør vin eller sherry, forårsløg, æg, karry og salt i. Dyp fisken i blandingen, så stykkerne er jævnt belagt, og tryk dem derefter ned i rasperne. Varm olien op og steg fisken et par minutter, til den bliver sprød og gylden. Dræn godt af og server straks.

Fisk med agurker

Du bærer 4

4 hvide fiskefileter
75 g/3 oz små agurker
2 forårsløg (løg)
2 skiver ingefærrod
30 ml/2 spsk vand
5 ml/1 tsk jordnøddeolie
2,5 ml/¬Ω teskefuld salt
2,5 ml/¬Ω tsk risvin eller tør sherry

Læg fisken på en varmebestandig tallerken og drys resten af ingredienserne ovenpå. Læg den på en rist i en dampkoger, dæk til og damp i cirka 15 minutter over kogende vand, indtil fisken er mør. Overfør til et opvarmet serveringsfad, kassér ingefær og løg og server.

Torsk krydret med ingefær

Du bærer 4

225 g/8 oz tomatpuré (pasta)

30 ml/2 spsk risvin eller tør sherry

15 ml/1 spsk revet ingefærrod

15 ml/1 spsk chilisauce

15 ml / 1 spsk vand

15 ml/1 spsk sojasovs

10 ml/2 tsk sukker

3 fed hvidløg, hakket

100 g/4 oz/1 kop almindeligt (all-purpose) mel.

75 ml/5 spsk majsmel (majsstivelse)

175 ml/6 fl oz/¬æ kop vand

1 æggehvide

2,5 ml/¬Ω teskefuld salt

olie til stegning

450 g/1 lb torskefileter, flået og skåret i tern

For at lave saucen blandes tomatpuré, vin eller sherry, ingefær, chilisauce, vand, sojasovs, sukker og hvidløg sammen. Bring i kog, og kog derefter under omrøring i 4 minutter.

Pisk mel, fløde, vand, æggehvide og salt til det er glat. Varm olien op. Dyp fiskestykkerne i dejen og steg i cirka 5 minutter, indtil de er stegte og gyldne. Afdryp på køkkenpapir. Hæld al olien fra og kom fisk og sauce tilbage i gryden. Varm forsigtigt op i cirka 3 minutter, indtil fisken er helt dækket af saucen.

Torsk med mandarinsauce

Du bærer 4

675 g/1 lb torskefileter, skåret i strimler

30 ml/2 spsk majsmel (majsstivelse)

60 ml/4 spsk jordnøddeolie

1 løg (løg), hakket

2 fed hvidløg, hakket

1 skive ingefærrod, hakket

100 g/4 oz svampe, skåret i skiver

50 g/2 oz bambusskud, skåret i strimler

120 ml/4 fl oz/¬Ω kop sojasovs

30 ml/2 spsk risvin eller tør sherry

15 ml/1 spsk brun farin

5 ml / 1 tsk salt

250 ml/8 fl oz/1 kop hønsefond

Dyp fisken i majsmel, indtil fisken er let belagt. Varm olien op og steg fisken til den er brunet på begge sider. Fjern det fra panden. Tilsæt forårsløg, hvidløg og ingefær og steg til det er let brunet. Tilsæt champignon og bambusskud og kog i 2 minutter. Tilsæt de resterende ingredienser og varm igennem kog, bland. Kom fisken tilbage i gryden, læg låg på og lad det simre i 20 minutter.

Fisk med ananas

Du bærer 4

450 g/1 lb fiskefileter

2 teer, hakket

30 ml/2 spsk sojasovs

15 ml/1 spsk risvin eller tør sherry

2,5 ml/¬Ω teskefuld salt

2 æg, let pisket

15 ml/1 spsk majsmel (majsstivelse)

45 ml/3 spsk jordnøddeolie

225 g/8 oz dåse ananas bidder i juice

Skær fisken i 2,5 cm strimler/1 på tværs af kornet og læg den i en skål. Tilsæt forårsløg, sojasovs, vin eller sherry og salt, bland og lad det stå i 30 minutter. Dræn fisken, kassér marinaden. Pisk æg og majsmel til en dej, og dyp fisken i dejen, så den dækkes, og dryp overskydende af. Varm olien op og steg fisken let brunet på begge sider. Reducer varmen og fortsæt med at koge indtil de er møre. Rør i mellemtiden 60 ml/4 spsk ananasjuice i den resterende dej og ananasstykker. Kom i en gryde ved svag varme og kog under konstant omrøring, indtil det er varmt. Organisere læg den kogte fisk på et opvarmet serveringsfad og hæld saucen over til servering.

Fiskeruller med svinekød

Du bærer 4

450 g/1 lb fiskefileter

100 g/4 oz kogt svinekød, hakket (hakket)

30 ml/2 spsk risvin eller tør sherry

15 ml/1 spsk sukker

olie til stegning

120 ml/4 fl oz/¬Ω fiskefond kop

3 teer, hakket

1 skive ingefærrod, hakket

15 ml/1 spsk sojasovs

15 ml/1 spsk majsmel (majsstivelse)

45 ml/3 spsk vand

Skær fisken i 9 cm/3¬Ω firkanter. Bland svinekødet med vin eller sherry og halvdelen af sukkeret, fordel ud over fiskefirkanterne, rul og fastgør med sejlgarn. Varm olien op og steg fisken gyldenbrun. Afdryp på køkkenpapir. Varm i mellemtiden bouillonen op og tilsæt løg, ingefær, sojasovs og det resterende sukker. Bring det i kog og lad det simre i 4 minutter. Bland majsmel og vand til en pasta, rør i gryden og bring det i kog, rør, indtil saucen er klar og tykner. Hæld over fisken og server med det samme.

Fisk i risvin

Du bærer 4

400 ml/14 fl oz/1 kop risvin eller tør sherry

120 ml/4 fl oz/¬Ω kop vand

30 ml/2 spsk sojasovs

5 ml/1 tsk sukker

salt og friskkværnet peber

10 ml/2 tsk majsmel (majsstivelse)

15 ml / 1 spsk vand

450 g/1 lb torskefileter

5 ml/1 tsk sesamolie

2 løg (løg), hakket

Kog vin, vand, sojasovs, sukker, salt og peber og kog til det halve. Bland majsmel med vand til en pasta, tilsæt til gryden og kog under omrøring i 2 minutter. Krydr fisken med salt og drys med sesamolie. Tilsæt til gryden og kog ved meget lav varme i cirka 8 minutter, indtil det koger. Den serveres drysset med løg.

Hurtigstegt fisk

Du bærer 4

450 g/1 lb torskefileter, skåret i strimler

salt

soya sovs

olie til stegning

Drys fisken med salt og sojasovs og lad den stå i 10 minutter. Varm olien op og steg fisken i et par minutter, indtil den bliver let gylden. Afdryp på køkkenpapir og drys rigeligt med sojasauce inden servering.

Fisk med sesamfrø

Du bærer 4

450 g/1 lb fiskefileter, skåret i strimler

1 løg, hakket

2 skiver ingefærrod, hakket

120 ml/4 fl oz/¬Ω kop risvin eller tør sherry

10 ml/2 tsk brun farin

2,5 ml/¬Ω teskefuld salt

1 æg, let pisket

15 ml/1 spsk majsmel (majsstivelse)

45 ml/3 spsk almindeligt (all-purpose) mel.

60 ml/6 spiseskefulde sesamfrø

olie til stegning

Læg fisken i en skål. Bland løg, ingefær, vin eller sherry, sukker og salt, tilsæt fisken og lad det marinere i 30 minutter, vend af og til. Pisk æg, mælk og mel i dejen. Dyp fisken i dejen og pres sesamfrøene i. Varm olien op og steg fiskestrimlerne i cirka 1 minut, til de er gyldne og sprøde.

Dampede fiskeboller

Du bærer 4

450 g/1 lb hakket (malet) torsk

1 æg, let pisket

1 skive ingefærrod, hakket

2,5 ml/¬Ω teskefuld salt

en knivspids friskkværnet peber

15 ml/1 spsk majsmel (majsstivelse) 15 ml/1 spsk risvin eller tør sherry

Bland alle ingredienserne godt sammen og form kugler på størrelse med valnødde. Drys eventuelt lidt mel over. Hæld i et ovnfast fad.

Sæt fadet i dampkogeren på risten, dæk til og kog forsigtigt over kogende vand i cirka 10 minutter, indtil det er kogt.

Sød og sur marineret fisk

Du bærer 4

450 g/1 lb fiskefileter, skåret i stykker
1 løg, hakket
3 skiver ingefærrod, hakket
5 ml/1 tsk sojasovs
salt og friskkværnet peber
30 ml/2 spsk majsmel (majsstivelse)
olie til stegning
sød og sur sauce

Læg fisken i en skål. Bland løg, ingefær, sojasovs, salt og peber, tilsæt fisken, dæk med låg og lad det stå i 1 time, vend dem fra tid til anden. Fjern fisken fra marinaden og drys med majsmel. Varm olien op og steg fisken til den bliver sprød og gylden. Afdryp på køkkenpapir og kom over på en varm tallerken. I mellemtiden forberedes saucen og hældes over fisken til servering.

Fisk med eddikesauce

Du bærer 4

450 g/1 lb fiskefileter, skåret i strimler

salt og friskkværnet peber

1 æggehvide, let pisket

45 ml/3 spsk majsmel (majsstivelse)

15 ml/1 spsk risvin eller tør sherry

olie til stegning

250 ml/8 fl oz/1 kop fiskefond

15 ml/1 spsk brun farin

15 ml/1 spsk vineddike

2 skiver ingefærrod, hakket

2 teer, hakket

Krydr fisken med lidt salt og peber. Pisk æggehviderne med 30 ml/2 spsk majsstivelse og vin eller sherry. Smid fisken i dejen, indtil den er dækket. Varm olien op og steg fisken i et par minutter, indtil den er gyldenbrun. Afdryp på køkkenpapir.

Kog imens bouillon, sukker og vineddike op. Tilsæt ingefær og løg og svits i 3 minutter. Bland resten af majsstivelsen til en pasta med lidt vand, bland i gryden og kog under omrøring, indtil saucen bliver klar og tykner. Hæld over fisken til servering.

Stegt ål

Du bærer 4

450g/1lb ål
250 ml/8 fl oz/1 kop jordnøddeolie
30 ml/2 spsk mørk sojasovs
30 ml/2 spsk risvin eller tør sherry
15 ml/1 spsk brun farin
en knivspids sesamolie

Rens skindet af ålen og skær det i stykker. Varm olien op og steg ålen til den er gylden. Fjern fra panden og afdryp. Hæld alt undtagen 30 ml/2 spsk olie i. Varm olien op igen og tilsæt sojasovs, vin eller sherry og sukker. Varm op, tilsæt ålen og rør rundt, indtil ålen er godt dækket og det meste af væsken er fordampet. Hæld sesamolie over og server.

Tørret ål

Du bærer 4

5 tørrede kinesiske svampe

3 forårsløg (løg)

30 ml/2 spsk jordnøddeolie

20 fed hvidløg

6 skiver ingefærrod

10 vandkastanjer

900 g/2 lb

30 ml/2 spsk sojasovs

15 ml/1 spsk brun farin

15 ml/1 spsk risvin eller tør sherry

450 ml/¬æ for/2 kopper vand

15 ml/1 spsk majsmel (majsstivelse)

45 ml/3 spsk vand

5 ml/1 tsk sesamolie

Udblød svampene i varmt vand i 30 minutter, dræn derefter og fjern stilkene. Skær 1 løg i stykker og hak det andet. Varm olien op og steg champignon, løg, hvidløg, ingefær og kastanjer i 30 sekunder. Tilsæt ålene og kog i 1 minut. Tilsæt sojasovs, sukker, vin el sherry og vand, bring det i kog, læg låg på og lad det simre ved svag varme i 1 time, tilsæt lidt vand efter behov. Bland majsmel og vand til en pasta, tilsæt til gryden og kog under omrøring, indtil saucen tykner. Den serveres drysset med sesamolie og hakket løg.

Ål med selleri

Du bærer 4

350 g/12 oz ål

6 stilke selleri

30 ml/2 spsk jordnøddeolie

2 løg (løg), hakket

1 skive ingefærrod, hakket

30 ml/2 spsk vand

5 ml/1 tsk sukker

5 ml/1 tsk risvin eller tør sherry

5 ml/1 tsk sojasovs

friskkværnet peber

30 ml/2 spsk frisk hakket persille

Rens og skær ålen i strimler. Skær sellerien i strimler. Varm olien op og steg løg og ingefær i 30 sekunder. Tilsæt ålen og kog i 30 sekunder. Tilsæt selleri og kog i 30 sekunder. Tilsæt halvdelen af vandet, sukker, vin eller sherry, sojasovs og peber. Bring det i kog og kog i et par minutter, indtil sellerien er blød, men stadig sprød, og væsken er reduceret. Den serveres drysset med persille.

Paprika fyldt med kuller

Du bærer 4

225 g/8 oz kullerfileter, hakket (hakket)

100 g/4 oz afskallede rejer, hakket (hakket)

1 løg (løg), hakket

2,5 ml/¬Ω teskefuld salt

peber

4 grønne peberfrugter

45 ml/3 spsk jordnøddeolie

120 ml/4 fl oz/¬Ω kop hønsefond

10 ml/2 tsk majsmel (majsstivelse)

5 ml/1 tsk sojasovs

Bland kuller, rejer, løg, salt og peber. Skær peberfrugtstilken og fjern midten. Fyld peberfrugterne med skaldyrsblandingen. Varm olien op og tilsæt paprika og bouillon. Bring det i kog, læg låg på og lad det simre i 15 minutter. Overfør peberfrugterne til et opvarmet serveringsfad. Bland majsmel, sojasovs og lidt vand og bland i gryden. Bring i kog og kog under omrøring, indtil saucen bliver klar og tykner.

Kuller i sort bønnesauce

Du bærer 4

15 ml/1 spsk jordnøddeolie

2 fed hvidløg, hakket

1 skive ingefærrod, hakket

15 ml/1 spsk sort bønnesauce

2 løg, skåret i skiver

1 bladselleri, skåret i skiver

450 g/1 lb kullerfileter

15 ml/1 spsk sojasovs

15 ml/1 spsk risvin eller tør sherry

250 ml/8 fl oz/1 kop hønsefond

Varm olien op og steg hvidløg, ingefær og sorte bønnesauce, indtil de er let brunede. Tilsæt løg og selleri og steg i 2 minutter. Tilsæt kuller og steg i cirka 4 minutter på hver side eller indtil fisken er gennemstegt. Tilsæt sojasovs, vin eller sherry og hønsefond, bring det i kog, læg låg på og lad det simre i 3 minutter.

Fisk i brun sauce

Du bærer 4

4 kuller eller lignende fisk
45 ml/3 spsk jordnøddeolie
2 løg (løg), hakket
2 skiver ingefærrod, hakket
5 ml/1 tsk sojasovs
2,5 ml/½ teskefuld vineddike
2,5 ml/½ tsk risvin eller tør sherry
2,5 ml/½ teskefuld sukker
friskkværnet peber
2,5 ml/½ teskefuld sesamolie

Trim fisken og skær den i store stykker. Varm olien op og steg løg og ingefær i 30 sekunder. Tilsæt fisken og steg den let brunet på begge sider. Tilsæt sojasovs, vineddike, vin eller sherry, sukker og peber og lad det simre i 5 minutter, indtil saucen tykner. Den serveres drysset med sesamolie.

Fem krydret fisk

Du bærer 4

450 g/1 lb kullerfileter

5 ml/1 tsk fem krydderier pulver

5 ml / 1 tsk salt

30 ml/2 spsk jordnøddeolie

2 fed hvidløg, hakket

2 skiver ingefærrod, hakket

30 ml/2 spsk risvin eller tør sherry

15 ml/1 spsk sojasovs

10 ml/2 tsk sesamolie

Gnid kullerfileterne med femkrydderipulver og salt. Varm olien op og steg fisken, indtil den er let brunet på begge sider, og tag den derefter af panden. Tilsæt hvidløg, ingefær, vin eller sherry, sojasovs og sesamolie og kog i 1 minut. Kom fisken tilbage i gryden og lad den simre til fisken er mør.

Kuller med hvidløg

Du bærer 4

450 g/1 lb kullerfileter

5 ml / 1 tsk salt

30 ml/2 spsk majsmel (majsstivelse)

60 ml/4 spsk jordnøddeolie

6 fed hvidløg

2 skiver ingefærrod, knust

45 ml/3 spsk vand

30 ml/2 spsk sojasovs

15 ml/1 spsk gul bønnesauce

15 ml/1 spsk risvin eller tør sherry

15 ml/1 spsk brun farin

Drys kuller med salt og drys med majsmel. Varm olien op og steg fisken, indtil den er brunet på begge sider, og tag den derefter af panden. Tilsæt hvidløg og ingefær og steg i 1 minut. Tilsæt resten af ingredienserne, bring det i kog, læg låg på og lad det simre i 5 minutter. Kom fisken tilbage i gryden, læg låg på og kog den mør.

Fisk med varme krydderier

Du bærer 4

450 g/1 lb kullerfileter, hakket

Saft af 1 citron

30 ml/2 spsk sojasovs

30 ml/2 spsk østerssauce

15 ml/1 spsk revet citronskal

en knivspids malet ingefær

salt og peber

2 æggehvider

45 ml/3 spsk majsmel (majsstivelse)

6 tørrede kinesiske svampe

olie til stegning

5 løg (løg), skåret i strimler

1 stilk selleri, skåret i strimler

100 g/4 oz bambusskud, skåret i strimler

250 ml/8 fl oz/1 kop hønsefond

5 ml/1 tsk fem krydderier pulver

Læg fisken i en skål og drys med citronsaft. Rør sojasovsen, østerssaucen, citronskal, ingefær, salt, peber, æggehvider og alt undtagen 5 ml/1 tsk majsmel i. Forlade mariner i 2 timer under omrøring fra tid til anden. Udblød svampene i varmt vand i 30 minutter og afdryp. Kassér stilkene og klip hætterne af. Varm olien op og steg fisken et par minutter, indtil den bliver gylden. Fjern fra panden. Tilsæt grøntsagerne og kog indtil de er bløde, men stadig sprøde. Hæld olien. Bland hønsebouillonen med resten af majsen, tilsæt grøntsagerne og bring det i kog. Kom fisken tilbage i gryden, krydr med 5-krydderipulver og opvarm igen inden servering.

Ginger Haddock med Pak Soi

Du bærer 4

450 g/1 lb kullerfileter

salt og peber

225 g/8 oz sojapakke

30 ml/2 spsk jordnøddeolie

1 skive ingefærrod, hakket

1 løg, hakket

2 tørrede røde chilier

5 ml/1 tsk honning

10 ml/2 tsk tomatketchup (catsup)

10 ml/2 tsk malteddike

30 ml/2 spsk tør hvidvin

10 ml/2 tsk sojasovs

10 ml/2 tsk fiskesauce

10 ml/2 tsk østerssauce

5 ml/1 tsk rejepasta

Skræl kullerskindet og skær derefter i 2 cm/¬æ stykker. Drys salt og peber over. Skær kålen i små stykker. Varm olien op og steg ingefær og løg i 1 minut. Tilsæt kål og chili og kog i 30 sekunder. Tilsæt honning, tomater ketchup, eddike og vin. Tilsæt kuller og kog i 2 minutter. Rør sojasovsen, fisk og østers i, og rejepasta og kog indtil kulleren er kogt.

Hjemmefletninger

Du bærer 4

450 g/1 lb kullerfileter, pillede

salt

5 ml/1 tsk fem krydderier pulver

Saft af 2 citroner

5 ml/1 tsk stødt anis

5 ml/1 tsk friskkværnet peber

30 ml/2 spsk sojasovs

30 ml/2 spsk østerssauce

15 ml/1 ske honning

60 ml/4 spsk hakket purløg

8.-10 spinatblade

45 ml/3 spsk vineddike

Skær fisken i lange tynde strimler og form til haler, drys med salt, fem krydderier og citronsaft og kom i en skål. Bland anis, peber, sojasauce, østerssauce, honning og purløg, hæld over fisken og lad det marinere i mindst 30 minutter. Beklæd dampkogeren med spinatblade, læg fletningerne ovenpå, dæk til og damp forsigtigt over kogende vand med eddike i cirka 25 minutter.

Dampede fiskeruller

Du bærer 4

450 g/1 lb kullerfileter, skrællet og skåret i tern

Saft af 1 citron

30 ml/2 spsk sojasovs

30 ml/2 spsk østerssauce

30 ml/2 spsk blommesauce

5 ml/1 tsk risvin eller tør sherry

salt og peber

6 tørrede kinesiske svampe

100 g/4 oz bønner

100 g/4 oz grønne ærter

50 g/2 oz/¬Ω kop valnødder, hakket

1 æg, pisket

30 ml/2 spsk majsmel (majsstivelse)

225 g/8 oz kinakål, blancheret

Læg fisken i en skål. Rør citronsaft, sojasovs, østers og blommer, vin eller sherry samt salt og peber i. Hæld over fisken og lad det marinere i 30 minutter. Tilsæt grøntsager, nødder, æg og majsmel og bland godt. Læg 3 kinesiske blade oven på hinanden, læg lidt af fiskeblandingen ovenpå og den ruller. Fortsæt indtil alle ingredienser er brugt. Læg rullerne i en dampkoger, dæk til og kog forsigtigt over kogende vand i 30 minutter.

Helleflynder med tomatsauce

Du bærer 4

450 g/1 lb helleflynderfileter

salt

15 ml/1 spsk sort bønnesauce

1 fed hvidløg, knust

2 løg (løg), hakket

2 skiver ingefærrod, hakket

15 ml/1 spsk risvin eller tør sherry

15 ml/1 spsk sojasovs

200 g/7 oz dåse tomater, drænet

30 ml/2 spsk jordnøddeolie

Drys helleflynderen rigeligt med salt og lad den sidde i 1 time. Skyl saltet af og dup det tørt. Læg fisken i en ovnfast skål og dryp den sorte bønnesauce, hvidløg, løg, ingefær, vin eller sherry, sojasauce og tomat over. Stil fadet i dampkogeren på en rist, dæk med låg og damp i 20 minutter over kogende vand, indtil fisken er kogt. Varm olien op til den næsten ryger og dryp over fisken inden servering.

Havtaske med broccoli

Du bærer 4

450g/1lb havaborre, skåret i tern

salt og peber

45 ml/3 spsk jordnøddeolie

50 g/2 oz svampe, skåret i skiver

1 lille gulerod, skåret i strimler

1 fed hvidløg, knust

2 skiver ingefærrod, hakket

45 ml/3 spsk vand

275 g/10 oz broccolibuketter

5 ml/1 tsk sukker

5 ml/1 tsk majsmel (majsstivelse)

45 ml/3 spsk vand

Krydr hjertemusen godt med salt og peber. Opvarm 30 ml/2 spsk olie og steg gulerod, champignon, gulerod, hvidløg og ingefær let brunet. Tilsæt vand og fortsæt med at simre uden låg ved svag varme. I mellemtiden koger du broccoli i kogende vand, indtil den er mør, og drænes derefter godt af. Varm den resterende olie op og steg broccoli og sukker med en knivspids salt, indtil broccolien er godt dækket af olie. Placer omkring opvarmet serveringsfad. Bland majsmel og vand til en pasta, rør fisken i og kog under omrøring, indtil saucen tykner. Hæld broccolien over og server med det samme.

Mollet med tyk sojasovs

Du bærer 4

1 multe

olie til stegning

30 ml/2 spsk jordnøddeolie

2 te(e), skåret i skiver

2 skiver ingefærrod, hakket

1 rød chilipeber, hakket

250 ml/8 fl oz/1 kop fiskefond

15 ml/1 spsk tyk sojasovs

15 ml/1 spsk friskkværnet hvid peber

15 ml/1 spsk risvin eller tør sherry

Trim fisken og skær den diagonalt på begge sider. Varm olien op og steg fisken til den er halvstegt. Fjern fra olie og dræn godt. Varm olien op og steg løg, ingefær og chili i 1 minut. Tilsæt resten af ingredienserne, bland godt og bring det i kog. Tilsæt fisken og kog uden låg, indtil fisken er gennemstegt og væsken næsten er fordampet.

Lake Lääne fisk

Du bærer 4

1 multe

30 ml/2 spsk jordnøddeolie

4 teer, hakket

1 rød chilipeber, hakket

4 skiver ingefærrod, hakket

45 ml/3 spsk brun farin

30 ml/2 spsk rødvinseddike

30 ml/2 spsk vand

30 ml/2 spsk sojasovs

friskkværnet peber

Rens og trim fisken og lav 2 eller 3 diagonale snit på hver side. Varm olien op og steg halvdelen af løg, chili og ingefær i 30 sekunder. Tilsæt fisken og steg den let brunet på begge sider. Tilsæt sukker, vineddike, vand, sojasovs og peber, bring det i kog, læg låg på og kog i cirka 20 minutter, indtil fisken er kogt og saucen er reduceret. Den serveres pyntet med det resterende løg.

Stegt fisk og skaldyr

Du bærer 4

4 foringsfaner
salt og friskkværnet peber
30 ml/2 spsk jordnøddeolie
1 skive ingefærrod, hakket
1 fed hvidløg, knust
salatblade

Krydr skaldyrene rigeligt med salt og peber. Varm olien op og steg ingefær og hvidløg i 20 sekunder. Tilsæt fisken og kog indtil den er gennemstegt og gyldenbrun. Dræn godt af og server på en salatbund.

Dampet fisk og skaldyr med kinesiske svampe

Du bærer 4

4 tørrede kinesiske svampe
450 g/1 lb helleflynderfileter, skåret i tern
1 fed hvidløg, knust
1 skive ingefærrod, hakket
15 ml/1 spsk sojasovs
15 ml/1 spsk risvin eller tør sherry
5 ml/1 tsk brun farin
350 g/12 oz langkornet ris kogt

Udblød svampene i varmt vand i 30 minutter og afdryp. Kassér stilkene og klip hætterne af. Bland med farsen, hvidløg, ingefær, sojasovs, vin eller sherry og sukker, læg låg på og lad det marinere i 1 time. Læg risene i dampkogeren og læg fisken ovenpå. Damp i cirka 30 minutter, indtil fisken er kogt.

Havaborre med hvidløg

Du bærer 4

350 g/12 oz filetfilet

salt

45 ml/3 spsk majsmel (majsstivelse)

1 æg, pisket

60 ml/4 spsk jordnøddeolie

3 fed hvidløg, hakket

4 løg (løg), hakket

15 ml/1 spsk risvin eller tør sherry

5 ml/1 tsk sesamolie

Pil forskindet af og skær i strimler. Drys med salt og lad det stå i 20 minutter. Drys fisken med majsmel og dyp derefter i ægget. Varm olien op og steg fiskestrimlerne i cirka 4 minutter, indtil de er gyldenbrune. Tag af panden og afdryp på køkkenpapir. Hæld alt undtagen 5 ml/1 tsk olie fra panden og tilsæt resten af ingredienserne. Bring det i kog under omrøring og kog i 3 minutter. Hæld over fisken og server med det samme.

Havbars med ananassauce

Du bærer 4

450 g/1 lb helleflynderfileter

5 ml / 1 tsk salt

30 ml/2 spsk sojasovs

200 g/7 oz dåse ananas bidder

2 æg, pisket

100 g/4 oz/¬Ω kop majsmel (majsstivelse)

olie til stegning

30 ml/2 spsk vand

5 ml/1 tsk sesamolie

Skær tangen i strimler og kom i en skål. Drys salt, sojasovs og 30 ml/2 spsk ananasjuice over og lad det stå i 10 minutter. Pisk æggene med 45 ml/3 spsk kærnemælk til en dej og dyp fisken i dejen. Varm olien op og steg fisken gyldenbrun. Hæld cayennepeberen over. Hæld den resterende ananasjuice i en lille gryde. Bland 30 ml/2 spsk majsmel med vand og rør i gryden. Bring det i kog og kog under omrøring, indtil det er tyknet. Tilsæt halvdelen af ananasstykkerne og varm igennem. Lige inden servering røres sesamolien i. Fordel den kogte fisk på den varme side på en tallerken og pynt med den reserverede ananas. Hæld den varme sauce over og server med det samme.

Laks med tofu

Du bærer 4

120 ml/4 fl oz/¬Ω kop jordnøddeolie

450 g/1 lb tofu i tern

2,5 ml/¬Ω teskefuld sesamolie

100 g/4 oz laksefileter, hakket

en knivspids chilisauce

250 ml/8 fl oz/1 kop fiskefond

15 ml/1 spsk majsmel (majsstivelse)

45 ml/3 spsk vand

2 løg (løg), hakket

Varm olien op og steg tofuen, indtil den er let brunet. Fjern fra panden. Varm olien og sesamolie op igen og steg chili laksesauce i 1 minut. Tilsæt bouillon, bring det i kog og kom tofuen tilbage i gryden. Lad det simre uden låg, indtil ingredienserne er kogte og væsken er reduceret. Bland majsmel og vand til en pasta. Rør i lidt ad gangen og lad det koge under omrøring, indtil blandingen tykner. Når du har ladet væsken reducere, har du muligvis ikke brug for alt majsmel. Overfør til et opvarmet serveringsfad og drys med forårsløg.

Stegt marineret fisk

Du bærer 4

450g/1lb brisling eller andre små fisk, renset
3 skiver ingefærrod, hakket
120 ml/4 fl oz/¬Ω kop sojasovs
15 ml/1 spsk risvin eller tør sherry
1 stjerneanis fed
olie til stegning
15 ml/1 spsk sesamolie

Læg fisken i en skål. Bland ingefær, sojasovs, vin eller sherry og anis, hæld over fisken og lad stå i 1 time, vend af og til. Dræn fisken, kassér marinaden. Varm olien op og steg fisken i omgange, til den bliver sprød og gylden. Afdryp på køkkenpapir og server drysset med sesamolie.

Ørred med gulerødder

Du bærer 4

15 ml/1 spsk jordnøddeolie
1 fed hvidløg, knust
1 skive ingefærrod, hakket
4 ørreder
2 gulerødder, skåret i strimler
25 g/1 oz bambusskud skåret i strimler
25 g/1 oz vandkastanjer, skåret i skiver
15 ml/1 spsk sojasovs
15 ml/1 spsk risvin eller tør sherry

Varm olien op og steg hvidløg og ingefær, til de er let brunede. Tilsæt fisken, læg låg på og kog indtil fisken bliver uigennemsigtig. Tilsæt gulerødder, bambusskud, kastanjer, sojasovs og vin eller sherry, bland godt, læg låg på og lad det simre i cirka 5 minutter.

Stegt ørred

Du bærer 4

4 ørreder, rensede og med fjer

2 æg, pisket

50 g/2 oz/¬Ω kop almindeligt (all-purpose) mel.

olie til stegning

1 citron, skåret i skiver

Skær fisken diagonalt flere gange på begge sider. Dyp i de sammenpiskede æg og rør derefter melet i, så det dækker helt. Ryst overskydende af. Varm olien op og steg fisken i cirka 10-15 minutter, indtil den er gennemstegt. Afdryp på køkkenpapir og server med citron.

Ørred med citronsauce

Du bærer 4

450 ml/¬œ for/2 kopper kyllingesuppe

5 cm/2 i firkantet citronskal

150 ml / ¬° pt / ¬Ω generøs kop citronsaft

90 ml/6 spsk brun farin

2 skiver ingefærrod, skåret i strimler

30 ml/2 spsk majsmel (majsstivelse)

4 ørreder

375 g/12 oz/3 kopper almindeligt (all-purpose) mel.

175 ml/6 fl oz/¬œ kop vand

olie til stegning

2 æggehvider

8 forårsløg (spidskål), skåret i tynde skiver

For at forberede saucen, bland bouillon, citronskal og saft, sukker og 5 minutter. Tag den af varmen, dræn den af og kom den tilbage i gryden. Bland majsmelen med lidt vand og rør det derefter i gryden. Kog i 5 minutter, omrør ofte. Fjern fra varmen og hold saucen varm.

Smør fisken let med mel på begge sider. Pisk det resterende mel med vand og 10 ml/2 tsk olie, indtil det er glat. Pisk æggehviderne til de bliver stive, men ikke tørre, og bland i dejen. Opvarm den resterende olie. Dyp fisken i dejen, så fisken er helt dækket. Steg fisken i ca. 10 minutter, vend én gang, indtil de er kogte og gyldne. Afdryp på køkkenpapir. Anret fisken på en opvarmet tallerken. Rør forårsløgene i den varme sauce, hæld over fisken og server med det samme.

kinesisk tun

Du bærer 4

30 ml/2 spsk jordnøddeolie

1 løg, hakket

200 g/7 oz dåse tun, drænet og flaget

2 stilke selleri, hakket

100 g/4 oz champignon, hakket

1 grøn peberfrugt, hakket

250 ml/8 fl oz/1 kop bouillon

30 ml/2 spsk sojasovs

100 g fine nudler med æg

salt

15 ml/1 spsk majsmel (majsstivelse)

45 ml/3 spsk vand

Varm olien op og svits løget til det er blødt. Tilsæt tun og bland indtil godt dækket med olie. Tilsæt selleri, svampe og peber og kog i 2 minutter. Tilsæt bouillon og sojasovs, bring det i kog, læg låg på og lad det simre i 15 minutter. Kog imens nudlerne i kogende saltet vand i ca. 5 minutter, indtil de er bløde, dræn derefter godt og overfør til et opvarmet serveringsfad.

plade. Bland majsmel og vand, rør blandingen i tunsaucen og lad det simre under omrøring, indtil saucen bliver klar og tykner.

Marinerede fiskebøffer

Du bærer 4

4 bøffer af hvilling eller kuller
2 fed hvidløg, hakket
2 skiver ingefærrod, knust
3 løg (løg), hakket
15 ml/1 spsk risvin eller tør sherry
15 ml/1 spsk vineddike
salt og friskkværnet peber
45 ml/3 spsk jordnøddeolie

Læg fisken i en skål. Bland hvidløg, ingefær, forårsløg, vin eller sherry, vineddike, salt og peber, hæld over fisken, læg låg på og lad det marinere et par timer. Fjern fisken fra marinaden. Varm olien op og steg fisken, indtil den er brunet på begge sider, og tag den derefter af panden. Kom marinaden i gryden, bring det i kog, kom fisken tilbage i gryden og kog indtil den er gennemstegt.

Rejer med mandler

Du bærer 4

100 g mandler

225 g/8 oz store rejer i skal

2 skiver ingefærrod, hakket

15 ml/1 spsk majsmel (majsstivelse)

2,5 ml/¬Ω teskefuld salt

30 ml/2 spsk jordnøddeolie

2 fed hvidløg

2 stilke selleri, hakket

5 ml/1 tsk sojasovs

5 ml/1 tsk risvin eller tør sherry

30 ml/2 spsk vand

Rist mandlerne på en tør pande, til de er let brune, og sæt dem til side. Rens rejerne, fjern halen og halver halen på langs. Bland med ingefær, majsstivelse og salt. Varm olien op og steg hvidløget, indtil det er let brunet, og kassér derefter hvidløget. Tilsæt selleri, sojasovs, vin eller sherry og vand i gryden og bring det i kog. Tilsæt rejerne og kog indtil de er gennemvarme. Den serveres drysset med ristede mandler.

Anis rejer

Du bærer 4

45 ml/3 spsk jordnøddeolie

15 ml/1 spsk sojasovs

5 ml/1 tsk sukker

120 ml/4 fl oz/¬Ω fiskefond kop

en knivspids formalet anis

450 g/1 lb afskallede rejer

Varm olien op, tilsæt sojasauce, sukker, bouillon og anis og varm op, indtil det koger. Tilsæt rejerne og kog i et par minutter, indtil de er gennemvarme og krydret.

Rejer med asparges

Du bærer 4

450 g/1 lb asparges, skåret i stykker

45 ml/3 spsk jordnøddeolie

2 skiver ingefærrod, hakket

15 ml/1 spsk sojasovs

15 ml/1 spsk risvin eller tør sherry

5 ml/1 tsk sukker

2,5 ml/¬Ω teskefuld salt

225 g/8 oz rejer i skal

Blancher aspargesene i kogende vand i 2 minutter, og dræn dem derefter godt af. Varm olien op og steg ingefæren i et par sekunder. Tilsæt asparges og bland indtil godt dækket med olie. Tilsæt sojasovs, vin eller sherry, sukker og salt og varm igennem. Tilsæt rejerne og rør ved svag varme, indtil aspargesene bliver bløde.

Bacon rejer

Du bærer 4

450 g/1 lb upillede store rejer

100 g bacon

1 æg, let pisket

2,5 ml/¬Ω teskefuld salt

15 ml/1 spsk sojasovs

50 g/2 oz/¬Ω kop majsmel (majsstivelse)

olie til stegning

Rens rejerne, og lad halerne være intakte. Skær i to på langs til halen. Skær baconen i små firkanter. Tryk et stykke bacon ind i midten af hver reje og pres de to halvdele sammen. Pisk ægget med salt og sojasovs. Dyp rejerne i ægget og dryp derefter med olien. Varm olien op og steg rejerne til de bliver sprøde og gyldne.

Rejekugler

Du bærer 4

3 tørrede kinesiske svampe

450 g/1 lb rejer, finthakkede

6 vandkastanjer, fint hakkede

1 forårsløg (løg), finthakket

1 skive ingefærrod, finthakket

salt og friskkværnet peber

2 æg, pisket

15 ml/1 spsk majsmel (majsstivelse)

50 g/2 oz/¬Ω kop almindeligt (all-purpose) mel.

jordnøddeolie til stegning

Udblød svampene i varmt vand i 30 minutter og afdryp. Kassér stilkene og hak hætterne fint. Bland med rejer, vandkastanjer, løg og ingefær og smag til med salt og peber. Bland 1 æg og 5 ml/1 tsk majsmel til tykke, teskefulde kugler.

Bland det resterende æg, fløde og mel og tilsæt nok vand til at lave en tyk og glat dej. Rul kuglerne indeni det tog. Varm olien op og steg i et par minutter, indtil den bliver lysebrun.

Grillede rejer

Du bærer 4

450 g/1 lb pillede store rejer

100 g bacon

225 g/8 oz kyllingelever, skåret i skiver

1 fed hvidløg, knust

2 skiver ingefærrod, hakket

30 ml/2 spsk sukker

120 ml/4 fl oz/¬Ω kop sojasovs

salt og friskkværnet peber

Skær rejerne på langs ned af ryggen uden at skære lige og flad dem lidt. Skær baconen i stykker og kom i en skål med rejer og kyllingelever. Bland resten af ingredienserne, hæld over rejerne og lad det stå i 30 minutter. Tre rejer, bacon og lever på spyd og grill eller grill i ca. 5 minutter, vend ofte, indtil de er gennemstegte, og drys af og til med marinade.

Rejer med bambusskud

Du bærer 4

60 ml/4 spsk jordnøddeolie

1 fed hvidløg, hakket

1 skive ingefærrod, hakket

450 g/1 lb afskallede rejer

30 ml/2 spsk risvin eller tør sherry

225 g/8 oz bambusskud

30 ml/2 spsk sojasovs

15 ml/1 spsk majsmel (majsstivelse)

45 ml/3 spsk vand

Varm olien op og steg hvidløg og ingefær, til de er let brunede. Tilsæt rejerne og kog i 1 minut. Tilsæt vin eller sherry og bland godt. Tilsæt bambusskuddene og kog i 5 minutter. Tilsæt resten af ingredienserne og kog i 2 minutter.

Bønnespirerejer

Du bærer 4

4 tørrede kinesiske svampe

30 ml/2 spsk jordnøddeolie

1 fed hvidløg, knust

225 g/8 oz rejer i skal

15 ml/1 spsk risvin eller tør sherry

450 g / 1 lb bønner

120 ml/4 fl oz/¬Ω kop hønsefond

15 ml/1 spsk sojasovs

15 ml/1 spsk majsmel (majsstivelse)

salt og friskkværnet peber

2 teer, hakket

Udblød svampene i varmt vand i 30 minutter og afdryp. Kassér stilkene og klip hætterne af. Varm olien op og steg hvidløget, indtil det er let brunet. Tilsæt rejerne og kog i 1 minut. Tilsæt vin eller sherry og kog i 1 minut. Rør svampe og bønnespirer i. Bland bouillon, sojasovs og majsmel og rør i gryden. Bring det i kog, og kog derefter under omrøring, indtil saucen bliver klar og tykner. Smag til med salt og peber. Den serveres drysset med løg.

Rejer med sorte bønnesauce

Du bærer 4

30 ml/2 spsk jordnøddeolie

5 ml / 1 tsk salt

1 fed hvidløg, knust

45 ml/3 spsk sort bønnesauce

1 grøn peberfrugt, hakket

1 løg, hakket

120 ml/4 fl oz/¬Ω fiskefond kop

5 ml/1 tsk sukker

15 ml/1 spsk sojasovs

225 g/8 oz rejer i skal

15 ml/1 spsk majsmel (majsstivelse)

45 ml/3 spsk vand

Varm olien op og steg salt, hvidløg og sorte bønnesauce i 2 minutter. Tilsæt peber og løg og steg i 2 minutter. Tilsæt bouillon, sukker og sojasovs og bring det i kog. Tilsæt rejerne og steg i 2 minutter. Bland majsmel og vand til en pasta, tilsæt til gryden og kog under omrøring, indtil saucen bliver klar og tykner.

Rejer med selleri

Du bærer 4

45 ml/3 spsk jordnøddeolie

3 skiver ingefærrod, hakket

450 g/1 lb afskallede rejer

5 ml / 1 tsk salt

15 ml/1 spsk sherry

4 stilke selleri, hakket

100 g/4 oz mandler, hakkede

Varm halvdelen af olien op og steg ingefæren let brunet. Tilsæt rejer, salt og sherry og kog indtil de er godt dækket af olien, og tag derefter af panden. Varm den resterende olie op og steg selleri og mandler i et par minutter, indtil sellerien er blød, men stadig sprød. Kom rejerne tilbage i gryden, vend godt rundt og varm op igen inden servering.

Stegte rejer med kylling

Du bærer 4

30 ml/2 spsk jordnøddeolie

2 fed hvidløg, hakket

225 g/8 oz kogt kylling, skåret i tynde skiver

100 g/4 oz bambusskud, skåret i skiver

100 g/4 oz svampe, skåret i skiver

75 ml/5 spsk fiskefond

225 g/8 oz rejer i skal

225 g/8 oz mangetout (sneærter)

15 ml/1 spsk majsmel (majsstivelse)

45 ml/3 spsk vand

Varm olien op og steg hvidløget, indtil det er let brunet. Tilsæt kylling, bambusskud og svampe og kog indtil godt dækket med olie. Tilsæt bouillon og bring det i kog. Tilsæt rejer og mangeout, dæk til og kog i 5 minutter. Bland majsmel og vand til en pasta, tilsæt til gryden og kog under omrøring, indtil saucen bliver klar og tykner. Server straks.

Chili rejer

Du bærer 4

450 g/1 lb afskallede rejer

1 æggehvide

10 ml/2 tsk majsmel (majsstivelse)

5 ml / 1 tsk salt

60 ml/4 spsk jordnøddeolie

25 g/1 oz tørret rød chili, hakket

1 fed hvidløg, knust

5 ml/1 tsk friskkværnet peber

15 ml/1 spsk sojasovs

5 ml/1 tsk risvin eller tør sherry

2,5 ml/¬Ω teskefuld sukker

2,5 ml/¬Ω teskefuld vineddike

2,5 ml/¬Ω teskefuld sesamolie

Læg rejerne i en skål med æggehvide, olie og salt og lad dem marinere i 30 minutter. Varm olien op og steg chili, hvidløg og peber i 1 minut. Tilsæt rejerne og resten af ingredienserne og kog et par minutter indtil rejerne er gennemvarmet og ingredienserne er godt blandet.

Rejer Chop Suey

Du bærer 4

60 ml/4 spsk jordnøddeolie

2 løg (løg), hakket

2 fed hvidløg, hakket

1 skive ingefærrod, hakket

225 g/8 oz rejer i skal

100 g/4 oz frosne ærter

100 g/4 oz knapsvampe, halveret

30 ml/2 spsk sojasovs

15 ml/1 spsk risvin eller tør sherry

5 ml/1 tsk sukker

5 ml / 1 tsk salt

15 ml/1 spsk majsmel (majsstivelse)

Opvarm 45 ml/3 spsk olie og steg løg, hvidløg og ingefær, indtil de er let brunede. Tilsæt rejerne og kog i 1 minut. Fjern fra panden. Varm den resterende olie op og steg ærter og svampe i 3 minutter. Tilsæt rejer, sojasovs, vin eller sherry, sukker og salt og kog i 2 minutter. Bland majsmelet med lidt vand, kom i gryden og kog under omrøring, indtil saucen bliver klar og tykner.

Rejer Chow Mein

Du bærer 4

450 g/1 lb afskallede rejer
15 ml/1 spsk majsmel (majsstivelse)
15 ml/1 spsk sojasovs
15 ml/1 spsk risvin eller tør sherry
4 tørrede kinesiske svampe
30 ml/2 spsk jordnøddeolie
5 ml / 1 tsk salt
1 skive ingefærrod, hakket
100 g/4 oz kinakål, skåret i skiver
100 g/4 oz bambusskud, skåret i skiver
Stegte bløde nudler

Vend rejerne med majsmel, sojasovs og vin eller sherry og lad det røre af og til. Udblød svampene i varmt vand i 30 minutter og afdryp. Kassér stilkene og klip hætterne af. Varm olien op og steg i salt og ingefær i 1 minut. Tilsæt kål og bambusskud og vend indtil de er dækket med olie. Dæk til og kog i 2 minutter. Rør rejer og marinade i og kog i 3 minutter. Rør de korte nudler i og varm op igen inden servering.

Rejer med græskar og litchi

Du bærer 4

12 kæmperejer

salt og peber

10 ml/2 tsk sojasovs

10 ml/2 tsk majsmel (majsstivelse)

15 ml/1 spsk jordnøddeolie

4 fed hvidløg, hakket

2 røde chili, hakket

225 g/8 oz zucchini (zucchini), hakket

2 løg (løg), hakket

12 litchi, med sten

120 ml/4 fl oz/¬Ω kop kokoscreme

10 ml/2 tsk lyst karrypulver

5 ml/1 tsk fiskesauce

Rens rejerne, og lad halen sidde. Drys med salt, peber og sojasovs, og drys derefter med majsmel. Varm olien op og steg hvidløg, chili og rejer i 1 minut. Tilsæt courgetter, løg og litchi og steg i 1 minut. Fjern fra panden. Hæld kokosfløden i gryden, bring det i kog og kog i 2 minutter, indtil den er tyknet. Rør karryen i pulver og fiskesauce og smag til med salt og peber. Kom rejer og grøntsagerne tilbage i saucen for at blive varmet igennem inden servering.

Rejer med krabbe

Du bærer 4

45 ml/3 spsk jordnøddeolie

3 løg (løg), hakket

1 ingefærrod i skiver, hakket

225 g/8 oz krabbekød

15 ml/1 spsk risvin eller tør sherry

30 ml/2 spsk kyllinge- eller fiskefond

15 ml/1 spsk sojasovs

5 ml/1 tsk brun farin

5 ml/1 tsk vineddike

friskkværnet peber

10 ml/2 tsk majsmel (majsstivelse)

225 g/8 oz rejer i skal

Opvarm 30 ml/2 spsk olie og steg løg og ingefær, indtil det er let brunet. Tilsæt krabbekødet og kog i 2 minutter. Tilsæt vin eller sherry, bouillon, sojasovs, sukker og eddike og smag til med peber. Steg i 3 minutter. Bland majsmelen med lidt vand og rør i saucen. Lad det koge under omrøring, indtil saucen tykner. Varm samtidig resten af olien op i en separat pande og steg rejerne et par gange minutter, indtil den er opvarmet. Fordel krabbeblandingen på et opvarmet serveringsfad og top med rejerne.

Rejer med agurk

Du bærer 4

225 g/8 oz rejer i skal
salt og friskkværnet peber
15 ml/1 spsk majsmel (majsstivelse)
1 agurk
45 ml/3 spsk jordnøddeolie
2 fed hvidløg, hakket
1 løg, finthakket
15 ml/1 spsk risvin eller tør sherry
2 skiver ingefærrod, hakket

Krydr rejerne med salt og peber og drys majsen over. Rens og frø agurken og skær den i tykke skiver. Varm halvdelen af olien op og steg hvidløg og løg til de er let brunede. Tilsæt rejer og sherry og kog i 2 minutter, og fjern derefter ingredienserne fra gryden. Varm den resterende olie op og steg ingefæren i 1 minut. Tilsæt agurken og kog i 2 minutter. Kom rejeblandingen tilbage i gryden og kog indtil den er godt blandet og gennemvarmet.

reje karry

Du bærer 4

45 ml/3 spsk jordnøddeolie

4 te(e), skåret i skiver

30 ml/2 spsk karrypulver

2,5 ml/¬Ω teskefuld salt

120 ml/4 fl oz/¬Ω kop hønsefond

450 g/1 lb afskallede rejer

Varm olien op og steg løget i 30 sekunder. Tilsæt karry og salt og kog i 1 minut. Tilsæt bouillon, bring det i kog og kog i 2 minutter under omrøring. Tilsæt rejerne og varm forsigtigt op.

Rejer og champignon karry

Du bærer 4

5 ml/1 tsk sojasovs

5 ml/1 tsk risvin eller tør sherry

225 g/8 oz rejer i skal

30 ml/2 spsk jordnøddeolie

2 fed hvidløg, hakket

1 skive ingefærrod, finthakket

1 løg, skåret i skiver

100 g/4 oz knapsvampe

100 g friske eller frosne ærter

15 ml/1 spsk karrypulver

15 ml/1 spsk majsmel (majsstivelse)

150 ml/¬° til/retters ¬Ω kop kyllingesuppe

Rør sojasovs, vin eller sherry og rejer i. Varm olie op med hvidløg og ingefær og steg til de er let brune. Tilsæt løg, svampe og ærter og steg i 2 minutter. Tilsæt karry og majsmel og kog i 2 minutter. Tilsæt bouillon lidt efter lidt, bring i kog, dæk med låg og kog i 5 minutter under omrøring fra tid til anden. Tilsæt rejer og marinade, læg låg på og kog i 2 minutter.

Stegte rejer

Du bærer 4

450 g/1 lb afskallede rejer
30 ml/2 spsk risvin eller tør sherry
5 ml / 1 tsk salt
olie til stegning
soya sovs

Smid rejerne i vinen eller sherryen og drys med salt. Lad stå i 15 minutter, dræn derefter og tør. Varm olien op og steg rejerne i et par sekunder, til de bliver sprøde. Den serveres drysset med sojasovs.

Stegte rejer

Du bærer 4

50 g/2 oz/¬Ω kop almindeligt (all-purpose) mel.

2,5 ml/¬Ω teskefuld salt

1 æg, let pisket

30 ml/2 spsk vand

450 g/1 lb afskallede rejer

olie til stegning

Pisk mel, salt, æg og vand til en dej, tilsæt evt. lidt vand. Vend med rejer, indtil de er godt dækket. Varm olien op og steg rejerne i et par minutter, til de bliver sprøde og gyldne.

Rejekugler med tomatsauce

Du bærer 4

900 g/2 lb afskallede rejer

450 g/1 lb hakket (malet) torsk

4 æg, pisket

50 g/2 oz/¬Ω kop majsmel (majsstivelse)

2 fed hvidløg, hakket

30 ml/2 spsk sojasovs

15 ml/1 spsk sukker

15 ml/1 spsk jordnøddeolie

Til saucen:

30 ml/2 spsk jordnøddeolie

100 g/4 oz hakkede løg (løg).

100 g/4 oz champignon, hakket

100 g skinke i tern

2 stilke selleri, hakket

200 g/7 oz tomater, skrællet og skåret i tern

300 ml/¬Ω for/1¬° kop vand

salt og friskkværnet peber

15 ml/1 spsk majsmel (majsstivelse)

Hak rejerne fint og bland med torsken. Bland æg, majsmel, hvidløg, sojasovs, sukker og olie. Kog en stor gryde vand og kom skefulde af blandingen i gryden. Bring i kog igen og kog i et par minutter, indtil dumplings flyder op til overfladen. Dræn godt af. For at forberede saucen, opvarm olien og steg løget, indtil det er blødt, men ikke brunet. Tilsæt svampene og kog i 1 minut, tilsæt derefter skinke, selleri og tomater og kog i 1 minut. Tilsæt vand, lad det koge ind og smag til med salt og peber. Læg låg på og lad det simre i 10 minutter under omrøring af og til. Bland majsmelen med lidt vand og rør i saucen. Kog i et par minutter under omrøring, indtil saucen bliver klar og tykner. Server med dumplings.

Rejer og æggebæger

Du bærer 4

15 ml/1 spsk sesamolie

8 pillede rejer

1 rød chilipeber, hakket

2 løg (løg), hakket

30 ml/2 spsk hakket abalone (valgfrit)

8 æg

15 ml/1 spsk sojasovs

salt og friskkværnet peber

et par kviste fladbladet persille

Brug sesamolie til at smøre 8 rammer. Læg en reje i hver ret sammen med lidt chili, løg og abalone, hvis du bruger det. Knæk et æg i hver skål og smag til med sojasovs, salt og peber. Læg ramekinerne på en bageplade og bag dem i den forvarmede ovn ved 200¬∞ C/400¬∞ F/gas 6 i cirka 15 minutter, indtil æggene er sat og let sprøde på toppen. Overfør dem forsigtigt til et opvarmet serveringsfad pyntet med persille.

Rejeægruller

Du bærer 4

225 g/8 oz bønner

30 ml/2 spsk jordnøddeolie

4 stilke selleri, hakket

100 g/4 oz champignon, hakket

225 g/8 oz afskallede rejer, skåret i tern

15 ml/1 spsk risvin eller tør sherry

2,5 ml/¬Ω teskefuld majsmel (majsstivelse)

2,5 ml/¬Ω teskefuld salt

2,5 ml/¬Ω teskefuld sukker

12 æggeruller

1 æg, pisket

olie til stegning

Kog bønnerne i 2 minutter i kogende vand og afdryp dem. Varm olien op og steg sellerien i 1 minut. Tilsæt svampene og kog i 1 minut. Tilsæt rejer, vin eller sherry, fløde, salt og sukker og kog i 2 minutter. Lad det køle af.

Kom lidt fyld i midten af hver skal og pensl kanterne med sammenpisket æg. Fold kanterne og rul æggerullen væk fra dig, og forsegl kanterne med ægget. Varm olien op og steg til den er brun.

Rejer i fjernøstlig stil

Du bærer 4

16, 20 pillede kæmperejer

Saft af 1 citron

120 ml/4 fl oz/¬Ω kop tør hvidvin

30 ml/2 spsk sojasovs

30 ml/2 spsk honning

15 ml/1 spsk revet citronskal

salt og peber

45 ml/3 spsk jordnøddeolie

1 fed hvidløg, hakket

6 løg (løg), skåret i strimler

2 gulerødder, skåret i strimler

5 ml/1 tsk fem krydderier pulver

5 ml/1 tsk majsmel (majsstivelse)

Bland rejerne med citronsaft, vin, sojasovs, honning og citronskal og smag til med salt og peber. Dæk til og mariner i 1 time. Varm olien op og steg hvidløget, indtil det er let brunet. Tilsæt grøntsagerne og kog indtil de er bløde, men stadig sprøde. Dræn rejerne, kom i gryden og kog i 2 minutter. Tryk

marinade og bland det med five spice pulver og majsmel. Tilsæt wokken, rør godt rundt og bring det i kog.

Foo Yung rejer

Du bærer 4

6 æg, pisket

45 ml/3 spsk majsmel (majsstivelse)

225 g/8 oz rejer i skal

100 g/4 oz svampe, skåret i skiver

5 ml / 1 tsk salt

2 løg (løg), hakket

45 ml/3 spsk jordnøddeolie

Pisk æggene og bland derefter majsmel i. Tilsæt alle de resterende ingredienser undtagen olie. Varm olien op og hæld blandingen lidt ad gangen i en gryde, så der dannes pandekager på ca. 7,5 cm/3 i diameter. Kog til bunden er gyldenbrun, vend derefter og brun den anden side.

Rejefrites

Du bærer 4

12 store ukogte rejer

1 æg, pisket

30 ml/2 spsk majsmel (majsstivelse)

lidt salt

en knivspids peber

3 skiver brød

1 hårdkogt (hårdkogt) æggeblomme, hakket

25 g/1 oz kogt skinke, hakket

1 løg (løg), hakket

olie til stegning

Fjern skallerne og rygribben fra rejerne, og lad halerne være intakte. Skær bagsiden af rejerne af med en skarp kniv og flad dem forsigtigt. Pisk æg, majsmel, salt og peber. Smid rejerne i blandingen, indtil de er helt dækket. Fjern skorpen fra brødet og del det i kvarte. Læg en reje på hvert stykke, skær siden nedad og pres. Pensl lidt af æggeblandingen ovenpå hver reje og drys æggeblomme, skinke og løg over. Varm olien op og steg brødstykkerne med rejer i omgange, indtil de er gyldne. Afdryp på køkkenpapir og server lun.

Stegte rejer i sauce

Du bærer 4

75 g/3 oz majsmel (majsstivelse)

¬Ω sammenpisket æg

5 ml/1 tsk risvin eller tør sherry

salt

450 g/1 lb afskallede rejer

45 ml/3 spsk jordnøddeolie

5 ml/1 tsk sesamolie

1 fed hvidløg, knust

1 skive ingefærrod, hakket

3 forårsløg (løg), skåret i skiver

15 ml/1 spsk fiskefond

5 ml/1 tsk vineddike

5 ml/1 tsk sukker

For at lave dejen skal du blande majsmel, æg, vin eller sherry og en knivspids salt. Dyp rejerne i dejen, så de er let belagte. Varm olien op og steg rejerne til de er sprøde udenpå. Tag dem af panden og dræn olien af. Varm sesamolien op på en pande, tilsæt rejer, hvidløg, ingefær og løg og svits i 3 minutter. Bland bouillon, vineddike og sukker, bland godt og varm op inden servering.

Rejer pocheret med skinke og tofu

Du bærer 4

30 ml/2 spsk jordnøddeolie
225 g/8 oz tofu, skåret i tern
600 ml/1 pt/2¬Ω kop kyllingesuppe
100 g røget skinke, skåret i tern
225 g/8 oz rejer i skal

Varm olien op og steg tofuen, indtil den er let brunet. Fjern fra panden og afdryp. Varm bouillonen op, tilsæt tofu og skinke og lad det simre i cirka 10 minutter, indtil tofuen er kogt. Tilsæt rejerne og kog i yderligere 5 minutter, indtil de er gennemvarme. Server i dybe skåle.

Rejer i hummersauce

Du bærer 4

45 ml/3 spsk jordnøddeolie

2 fed hvidløg, hakket

5 ml/1 tsk hakkede sorte bønner

100 g/4 oz hakket (malet) svinekød.

450 g/1 lb afskallede rejer

15 ml/1 spsk risvin eller tør sherry

300 ml/¬Ω for/1¬° kop kyllingesuppe

30 ml/2 spsk majsmel (majsstivelse)

2 æg, pisket

15 ml/1 spsk sojasovs

2,5 ml/¬Ω teskefuld salt

2,5 ml/¬Ω teskefuld sukker

2 løg (løg), hakket

Varm olien op og steg hvidløg og sorte bønner, indtil hvidløget er let brunet. Tilsæt svinekødet og steg, indtil det er brunet. Tilsæt rejerne og kog i 1 minut. Tilsæt sherryen, læg låg på og lad det simre i 1 minut. Tilsæt bouillon og majsmel, bring det i kog under omrøring, læg låg på og lad det simre i 5 minutter.

Tilsæt æggene under konstant piskning, så der dannes tråde. Tilsæt soja

sauce, salt, sukker og forårsløg og lad det koge et par minutter inden servering.

Marineret abalone

Du bærer 4

450g/1lb dåse abalone

45 ml/3 spsk sojasovs

30 ml/2 spsk vineddike

5 ml/1 tsk sukker

et par dråber sesamolie

Dræn abalonen og skær eller skær den i strimler. Bland resten af ingredienserne, hæld over abalonen og bland godt. Dæk til og stil på køl i 1 time.

Stuvede bambusskud

Du bærer 4

60 ml/4 spsk jordnøddeolie

225 g/8 oz bambusskud, skåret i strimler

60 ml/4 spsk hønsefond

15 ml/1 spsk sojasovs

5 ml/1 tsk sukker

5 ml/1 tsk risvin eller tør sherry

Varm olien op og rør bambusskuddene i i 3 minutter. Bland bouillon, sojasovs, sukker og vin eller sherry og tilsæt til gryden. Dæk til og lad det simre i 20 minutter. Afkøl og stil på køl inden servering.

Kylling med agurker

Du bærer 4

1 agurk, skrællet og udstenet
225 g/8 oz kogt kylling, strimlet
5 ml/1 tsk sennepspulver
2,5 ml/¬Ω teskefuld salt
30 ml/2 spsk vineddike

Skær agurken i strimler og læg den på et fladt serveringsfad. Læg kyllingen ovenpå. Bland sennep, salt og vineddike og hæld over kyllingen lige inden servering.

Kylling Susan

Du bærer 4

350 g/12 oz kogt kylling

120 ml/4 fl oz/¬Ω kop vand

5 ml/1 tsk sennepspulver

15 ml/1 spsk sesamfrø

2,5 ml/¬Ω teskefuld salt

en knivspids sukker

45 ml/3 spsk frisk hakket koriander

5 løg (løg), hakket

¬Ω salat, hakket

Skær kyllingen i tynde skiver. Bland nok vand i sennepen til at lave en jævn pasta og rør det i kyllingen. Rist sesamfrøene på en tør pande, indtil de er let gyldne, tilsæt derefter kyllingen og drys med salt og sukker. Tilsæt halvdelen af persillen og løget og bland godt. Anret salaten på et fad, top med kyllingeblandingen og pynt med den resterende persille.

Litchi med ingefær

Du bærer 4

1 stor vandmelon, halveret og kernet
450g/1lb dåse litchi, drænet
5 cm/2 stilk ingefær, skåret i skiver
nogle mynteblade

Fyld melonhalvdelene med litchi og ingefær, pynt med mynteblade. Afkøl inden servering.

Røde kogte kyllingevinger

Du bærer 4

8 kyllingevinger

2 løg (løg), hakket

75 ml/5 spsk sojasovs

120 ml/4 fl oz/¬Ω kop vand

30 ml/2 spsk brun farin

Skær og kassér de udbenede ender af kyllingevingerne og halver dem. Kom i en gryde med resten af ingredienserne, bring i kog, læg låg på og kog i 30 minutter. Tag låget af og kog i yderligere 15 minutter, vask ofte. Afkøl og stil på køl inden servering.

Krabbekød med agurk

Du bærer 4

100 g/4 oz krabbekød, i flager

2 agurker, rensede og hakkede

1 skive ingefærrod, hakket

15 ml/1 spsk sojasovs

30 ml/2 spsk vineddike

5 ml/1 tsk sukker

et par dråber sesamolie

Læg krabbekød og agurk i en skål. Bland resten af ingredienserne, hæld krabbekødsblandingen over og pisk godt. Dæk til og stil på køl i 30 minutter før servering.

Marinerede svampe

Du bærer 4

225 g/8 oz knapsvampe
30 ml/2 spsk sojasovs
15 ml/1 spsk risvin eller tør sherry
lidt salt
et par dråber tabasco sauce
et par dråber sesamolie

Kog svampene i kogende vand i 2 minutter, afdryp og tør. Kom i en skål og hæld resten af ingredienserne over. Bland godt og afkøl inden servering.

Svampe med marineret hvidløg

Du bærer 4

225 g/8 oz knapsvampe

3 fed hvidløg, hakket

30 ml/2 spsk sojasovs

30 ml/2 spsk risvin eller tør sherry

15 ml/1 spsk sesamolie

lidt salt

Kom svampe og hvidløg i en si, hæld kogende vand over og lad det stå i 3 minutter. Tør og tør godt. Bland resten af ingredienserne, hæld marinaden over svampene og lad det marinere i 1 time.

Rejer og blomkål

Du bærer 4

225 g/8 oz blomkålsbuketter
100 g / 4 oz rejer i skal
15 ml/1 spsk sojasovs
5 ml/1 tsk sesamolie

Kog blomkålen delvist i cirka 5 minutter, indtil den er mør, men stadig sprød. Bland med rejerne, drys sojasovsen og sesamolie over og bland. Afkøl før servering.

Sesamskinke stænger

Du bærer 4

225 g/8 oz skinke, skåret i skiver

10 ml/2 tsk sojasovs

2,5 ml/½ teskefuld sesamolie

Læg skinken på et serveringsfad. Bland sojasovsen og sesamolie, drys skinken over og server.

Kold tofu

Du bærer 4

450 g/1 lb tofu, skåret i skiver
45 ml/3 spsk sojasovs
45 ml/3 spsk jordnøddeolie
friskkværnet peber

Læg tofuen, et par skiver ad gangen, på en si og sænk den i kogende vand i 40 sekunder, dræn og læg den på en tallerken. Lad det køle af. Bland sojasovsen og olien, drys tofuen ovenpå og server drysset med peber.

Kylling med bacon

Du bærer 4

225 g/8 oz kylling, meget tynde skiver

75 ml/5 spsk sojasovs

15 ml/1 spsk risvin eller tør sherry

1 fed hvidløg, knust

15 ml/1 spsk brun farin

5 ml / 1 tsk salt

5 ml/1 tsk hakket ingefærrod

225 g/8 oz magert bacon i tern

100 g/4 oz vandkastanjer, meget tynde skiver

30 ml/2 spsk honning

Læg kyllingen i en skål. Bland 45 ml/3 spsk sojasovs med vin eller sherry, hvidløg, sukker, salt og ingefær, hæld over kyllingen og lad det marinere i ca. 3 timer. Læg kylling, bacon og kastanjer på kebabstængerne. Bland resten af sojasaucen med honning og pensl kebaberne. Grill (stegning) på varm grill i ca. 10 minutter, indtil de er kogte, vend ofte og drys med glasur under tilberedningen.

Kylling og banan pommes frites

Du bærer 4

2 kogte kyllingebryst

2 hårde bananer

6 skiver brød

4 æg

120 ml/4 fl oz/¬Ω kop mælk

50 g/2 oz/¬Ω kop almindeligt (all-purpose) mel.

225 g/8 oz/4 kopper friske brødkrummer

olie til stegning

Skær kyllingen i 24 stykker. Skræl bananerne og skær dem i kvarte på langs. Skær hver fjerdedel i tredjedele for at lave 24 stykker. Skær skorpen af brødet og skær det i kvarte. Pisk æg og mælk og pensl på den ene side af dejen. Læg et stykke kylling og et stykke banan på den ægbelagte side af hvert brød. Drys firkanterne let med mel, dyp dem derefter i ægget og dæk dem med rasp. Dyp igen i æg og rasp. Varm olien op og steg et par firkanter ad gangen til de er gyldenbrune. Afdryp på køkkenrulle inden servering.

Kylling med ingefær og svampe

Du bærer 4

225 g/8 oz kyllingebrystfileter

5 ml/1 tsk fem krydderier pulver

15 ml/1 spsk almindeligt (all-purpose) mel.

120 ml/4 fl oz/¬Ω kop jordnøddeolie

4 skalotteløg, skåret i halve

1 fed hvidløg, skåret i skiver

1 skive ingefærrod, hakket

25 g/1 oz/¬° cashewkop

5 ml/1 tsk honning

15 ml/1 spsk rismel

75 ml/5 spsk risvin eller tør sherry

100 g champignon i kvarte

2,5 ml/¬Ω teskefuld gurkemeje

6 gule peberfrugter, skåret i halve

5 ml/1 tsk sojasovs

¬Ω citronsaft

salt og peber

4 sprøde salatblade

Skær kyllingebrystet diagonalt over bladet i tynde strimler. Drys fem krydderipulvere og drys let med mel. Varm 15 ml/1 spsk olie op og steg kyllingen, indtil den er brunet. Fjern fra panden. Varm lidt olie op og steg skalotteløg, hvidløg, ingefær og cashewnødder i 1 minut. Tilsæt honningen og rør, indtil grøntsagerne er dækket. Drys melet over, og rør derefter vinen eller sherryen i. Tilsæt svampe, gurkemeje og chili og kog i 1 minut. Tilsæt kylling, sojasovs, saft af en halv lime, salt og peber og varm igennem. Fjern fra panden og hold varm. Varm lidt mere olie op, tilsæt salatbladene og steg hurtigt, smag til med salt og peber og resten af citronsaften. Læg salatbladene på et opvarmet serveringsfad, top med kød og grøntsager og server.

Kylling og skinke

Du bærer 4

225 g/8 oz kylling, meget tynde skiver

75 ml/5 spsk sojasovs

15 ml/1 spsk risvin eller tør sherry

15 ml/1 spsk brun farin

5 ml/1 tsk hakket ingefærrod

1 fed hvidløg, knust

225 g/8 oz kogt skinke i tern

30 ml/2 spsk honning

Kom kyllingen i en skål med 45ml/3 spsk sojasovs, vin eller sherry, sukker, ingefær og hvidløg. Lad det marinere i 3 timer. Læg kylling og skinke på kebabstængerne. Bland resten af sojasaucen med honning og pensl kebaberne. Grill (stegning) på varm grill i ca. 10 minutter, vend ofte og dryp med glasur, mens den koger.

Grillet kyllingelever

Du bærer 4

450 g/1 lb kyllingelever
45 ml/3 spsk sojasovs
15 ml/1 spsk risvin eller tør sherry
15 ml/1 spsk brun farin
5 ml / 1 tsk salt
5 ml/1 tsk hakket ingefærrod
1 fed hvidløg, knust

Kog kyllingeleverne i kogende vand i 2 minutter og dryp dem godt af. Kom i en skål med alle andre ingredienser undtagen olie og marinade i cirka 3 timer. Læg kyllingeleverne på kebabstænger og grill (bøf) på en varm grill i cirka 8 minutter, indtil de er brune.

Krabbekugler med vandkastanjer

Du bærer 4

450 g/1 lb krabbekød, hakket

100 g/4 oz vandkastanjer, hakket

1 fed hvidløg, knust

1 cm/¬Ω skåret ingefærrod, hakket

45 ml/3 spsk majsmel (majsstivelse)

30 ml/2 spsk sojasovs

15 ml/1 spsk risvin eller tør sherry

5 ml / 1 tsk salt

5 ml/1 tsk sukker

3 æg, pisket

olie til stegning

Bland alle ingredienserne undtagen olien og form små kugler. Varm olien op og steg krabbekuglerne til de er gyldenbrune. Dræn godt af inden servering.

Dim sum

Du bærer 4

100 g/4 oz afskallede rejer, skåret i tern

225 g/8 oz magert svinekød, finthakket

50 g/2 oz kinakål, finthakket

3 løg (løg), hakket

1 æg, pisket

30 ml/2 spsk majsmel (majsstivelse)

10 ml/2 tsk sojasovs

5 ml/1 tsk sesamolie

5 ml/1 tsk østerssauce

24 wonton skins

olie til stegning

Rør rejer, svinekød, kål og løg i. Bland æg, majsmel, sojasauce, sesamolie og østerssauce. Placer en skefuld blanding i midten af hver wonton-skal. Pres forsigtigt omslagene rundt om fyldet, pres kanterne sammen, men lad toppen være løs. Varm olien op og steg dim sum et par gange, indtil den er gyldenbrun. Dræn godt af og server varm.

Skinke og kyllingeruller

Du bærer 4

2 kyllingebryst

1 fed hvidløg, knust

2,5 ml/¬Ω teskefuld salt

2,5 ml/¬Ω teskefuld fem krydderier pulver

4 skiver kogt skinke

1 æg, pisket

30 ml/2 spsk mælk

25 g/1 oz/¬° kop almindeligt (all-purpose) mel.

4 æggerulleskaller

olie til stegning

Skær kyllingebrystet i halve. Knus dem meget tyndt. Bland hvidløg, salt og fem-krydderi pulver og drys over kyllingen. Læg en skive skinke oven på hvert stykke kylling og pak det tæt ind. Bland æg og mælk. Mel kyllingestykkerne let og dyp dem derefter i æggeblandingen. Læg hvert stykke æggerulle på skindet og pensl kanterne med sammenpisket æg. Fold siderne og rul, klem kanterne. Varm olien op og steg rullerne i cirka 5 minutter, indtil de er gyldne brun og kog. Afdryp på køkkenpapir og skær i tykke diagonale skiver til servering.

Salg af bagt skinke

Du bærer 4

350 g/12 oz/3 kopper almindeligt (all-purpose) mel.

175 g/6 oz/¬œ kop smør

120 ml/4 fl oz/¬Ω kop vand

225 g skinke i tern

100 g/4 oz bambusskud, hakket

2 løg (løg), hakket

15 ml/1 spsk sojasovs

30 ml/2 spsk sesamfrø

Kom melet i en skål og gnid smørret ind. Bland vandet til en dej. Rul dejen ud og skær den i 5 cm/2 cirkler. Bland alle de resterende ingredienser undtagen sesamfrøene og læg en skefuld på hver cirkel. Pensl kanterne af dejen med vand og forsegl. Pensl ydersiden med vand og drys med sesamfrø. Bages i en forvarmet ovn ved 180¬∞C/350¬∞F/gasmærke 4 i 30 minutter.

Pseudo-røget fisk

Du bærer 4

1 havbars

3 skiver ingefærrod, skåret i skiver

1 fed hvidløg, knust

1 løg (løg), skåret i tykke skiver

75 ml/5 spsk sojasovs

30 ml/2 spsk risvin eller tør sherry

2,5 ml/¬Ω tsk formalet anis

2,5 ml/¬Ω teskefuld sesamolie

10 ml/2 tsk sukker

120 ml/4 fl oz/¬Ω kop bouillon

olie til stegning

5 ml/1 tsk majsmel (majsstivelse)

Trim fisken og skær på tværs af kornet i 5 mm (¬° tomme) skiver. Rør ingefær, hvidløg, purløg, 60 ml/4 spsk sojasauce, sherry, anis og sesamolie i. Hæld over fisken og bland forsigtigt. Lad stå i 2 timer, vend dem fra tid til anden.

Hæld marinaden i gryden og tør fisken på køkkenrulle. Tilsæt sukker, bouillon og den resterende sojasovs marinade, bring i kog og kog i 1 minut. Hvis saucen skal tykne, blandes majsmel med lidt koldt vand, røres i saucen og koges under omrøring, indtil saucen tykner.

Varm samtidig olien op og steg fisken gyldenbrun. Dræn godt af. Dyp fiskestykkerne i marinaden og læg dem på en forvarmet tallerken. Serveres varm eller kold.

Fyldte svampe

Du bærer 4

12 store hætter tørrede svampe
225 g/8 oz krabbekød
3 vandkastanjer, hakket
2 primære løg (løg), finthakket
1 æggehvide
15 ml/1 spsk majsmel (majsstivelse)
15 ml/1 spsk sojasovs
15 ml/1 spsk risvin eller tør sherry

Udblød svampene natten over i varmt vand. Klem tør. Bland de resterende ingredienser og brug til at fylde svampehætterne. Læg på en damprist og damp i 40 minutter. Serveres varm.

Svampe med østerssauce

Du bærer 4

10 tørrede kinesiske svampe
250 ml/8 fl oz/1 kop oksebouillon
15 ml/1 spsk majsmel (majsstivelse)
30 ml/2 spsk østerssauce
5 ml/1 tsk risvin eller tør sherry

Udblød svampene i varmt vand i 30 minutter, og dræn derefter 250 ml/8 fl oz/1 kop af iblødsætningsvæsken. Kassér stilkene. Bland 60 ml/4 spiseskefulde oksefond med majsmel for at lave en pasta. Kog resten af bouillonen op sammen med svampe og svampevæske, læg låg på og lad det koge i 20 minutter. Fjern svampene fra væsken med en ske og overfør dem til et varmt serveringsfad. Tilsæt østerssaucen og sherryen på panden og kog i 2 minutter under omrøring. Rør majspastaen i, og kog under omrøring, indtil saucen tykner. Hæld svampene over og server med det samme.

Svineruller og salat

Du bærer 4

4 tørrede kinesiske svampe

15 ml/1 spsk jordnøddeolie

225 g/8 oz magert svinekød i tern

100 g/4 oz bambusskud, hakket

100 g/4 oz vandkastanjer, hakket

4 løg (løg), hakket

175 g/6 oz krabbekød, i flager

30 ml/2 spsk risvin eller tør sherry

15 ml/1 spsk sojasovs

10 ml/2 tsk østerssauce

10 ml/2 tsk sesamolie

9 kinesiske sider

Udblød svampene i varmt vand i 30 minutter og afdryp. Kassér stilkene og klip hætterne af. Varm olien op og steg svinekødet i 5 minutter. Tilsæt svampe, bambusskud, vandkastanjer, løg og krabbekød og kog i 2 minutter. Kombiner vin eller sherry, sojasovs, østerssauce og sesamolie og rør i gryden. Fjern fra varmen. Imens koges kinesiske blade i kogende vand i 1 minut dræning. Læg skefulde af svinekødsblanding i midten af hvert blad, fold siderne ind og rul til servering.

Svinekødboller og kastanjer

Du bærer 4

450 g/1 lb hakket (malet) svinekød.

50 g/2 oz svampe, fint hakkede

50 g/2 oz vandkastanjer, fint hakket

1 fed hvidløg, knust

1 æg, pisket

30 ml/2 spsk sojasovs

15 ml/1 spsk risvin eller tør sherry

5 ml/1 tsk hakket ingefærrod

5 ml/1 tsk sukker

salt

30 ml/2 spsk majsmel (majsstivelse)

olie til stegning

Bland alle ingredienserne undtagen majsmel og form små kugler af blandingen. Rul i majsmel. Varm olien op og steg frikadellerne i cirka 10 minutter til de er gyldne. Dræn godt af inden servering.

Svinekød kugler

Portion 4, 6

450 g/1 lb almindeligt (all-purpose) mel.

500 ml / 17 fl oz / 2 kopper vand

450g/1lb kogt svinekød, hakket

225 g/8 oz afskallede rejer, skåret i tern

4 stilke selleri, hakket

15 ml/1 spsk sojasovs

15 ml/1 spsk risvin eller tør sherry

15 ml/1 spsk sesamolie

5 ml / 1 tsk salt

2 primære løg (løg), finthakket

2 fed hvidløg, hakket

1 skive ingefærrod, hakket

Bland mel og vand sammen til en blød dej og ælt godt. Dæk til og lad stå i 10 minutter. Rul dejen så tyndt ud som muligt og skær den i 5 cm/2 cirkler. Bland alle de resterende ingredienser sammen. Læg skefulde af blandingen på hver cirkel, fugt kanterne og forsegl dem i en halv cirkel. Kog vand i en gryde og læg forsigtigt dumplings i vandet.

Rissoles af svin og kalvekød

Du bærer 4

100 g/4 oz hakket (malet) svinekød.

100 g/4 oz hakket (malet) kalvekød.

1 skive bacon, hakket (kværnet)

15 ml/1 spsk sojasovs

salt og peber

1 æg, pisket

30 ml/2 spsk majsmel (majsstivelse)

olie til stegning

Bland hakket kød og bacon og smag til med salt og peber. Bind sammen med ægget, form kugler på størrelse med valnødde og drys med kærnemælk. Varm olien op og steg til den er brun. Dræn godt af inden servering.

Sommerfuglerejer

Du bærer 4

450 g/1 lb pillede store rejer

15 ml/1 spsk sojasovs

5 ml/1 tsk risvin eller tør sherry

5 ml/1 tsk hakket ingefærrod

2,5 ml/¬Ω teskefuld salt

2 æg, pisket

30 ml/2 spsk majsmel (majsstivelse)

15 ml/1 spsk almindeligt (all-purpose) mel.

olie til stegning

Skær rejerne i to fra bagsiden og fordel dem i en sommerfugleform. Bland sojasovsen, vin eller sherry, ingefær og salt sammen. Hæld rejerne over og lad dem marinere i 30 minutter. Fjern fra marinaden og dup tør. Pisk ægget med mælk og mel til en dej og dyp rejerne i dejen. Varm olien op og steg rejerne til de er gyldenbrune. Dræn godt af inden servering.

kinesiske rejer

Du bærer 4

450 g/1 lb upillede rejer

30 ml/2 spsk Worcestershire sauce

15 ml/1 spsk sojasovs

15 ml/1 spsk risvin eller tør sherry

15 ml/1 spsk brun farin

Læg rejerne i en skål. Bland resten af ingredienserne, hæld over rejerne og lad det marinere i 30 minutter. Overfør til en bageplade og bag i en forvarmet ovn ved 150¬∞C/300¬∞F/gasmærke 2 i 25 minutter. Serveres varm eller kold i skaller, så gæsterne kan skrælle.

Rejekiks

Du bærer 4

100 g/4 oz reje kiks

olie til stegning

Opvarm olien meget varm. Tilsæt rejekiks en håndfuld ad gangen og kog i et par sekunder, indtil de er hævede. Fjern olien og afdryp den på køkkenpapir, indtil du fortsætter med at stege kiksene.

Sprøde rejer

Du bærer 4

450 g/1 lb afskallede tigerrejer

15 ml/1 spsk risvin eller tør sherry

10 ml/2 tsk sojasovs

5 ml/1 tsk fem krydderier pulver

salt og peber

90 ml/6 spsk majsmel (majsstivelse)

2 æg, pisket

100 g/4 oz brødkrummer

jordnøddeolie til stegning

Kast rejer med vin eller sherry, sojasovs og pulver med fem krydderier og smag til med salt og peber. Dryp dem i majsmel, og pensl dem derefter med sammenpisket æg og rasp. Steg i varm olie i et par minutter, indtil de er let brune, afdryp og server straks.

Rejer med ingefærsauce

Du bærer 4

15 ml/1 spsk sojasovs

5 ml/1 tsk risvin eller tør sherry

5 ml/1 tsk sesamolie

450 g/1 lb afskallede rejer

30 ml/2 spsk frisk hakket persille

15 ml/1 spsk vineddike

5 ml/1 tsk hakket ingefærrod

Bland sojasovsen, vin eller sherry og sesamolie sammen. Hæld rejerne over, dæk til og lad dem marinere i 30 minutter. Grill rejerne i et par minutter til de er gennemstegte og dryp med marinaden. I mellemtiden, for at servere med rejerne, bland persille, vineddike og ingefær.

Rejer og nudelruller

Du bærer 4

50 g ægnudler, skåret i stykker

15 ml/1 spsk jordnøddeolie

50 g/2 oz magert svinekød, finthakket

100 g/4 oz champignon, hakket

3 løg (løg), hakket

100 g/4 oz afskallede rejer, skåret i tern

15 ml/1 spsk risvin eller tør sherry

salt og peber

24 wonton skins

1 æg, pisket

olie til stegning

Kog nudlerne i kogende vand i 5 minutter, dræn og hak. Varm olien op og steg svinekødet i 4 minutter. Tilsæt svampe og løg og steg i 2 minutter, tag derefter af varmen. Rør rejer, vin eller sherry og nudler i og smag til med salt og peber. Hæld blandingen i midten af hver wontonskal og pensl kanterne med sammenpisket æg. Fold kanterne og rul indpakningerne sammen, forsegl kanterne. Varm olien op og steg rullerne a et par ad gangen i cirka 5 minutter til de er gyldne. Afdryp på køkkenrulle inden servering.

Rejetoast

Du bærer 4

2 æg 450 g/1 lb afskallede rejer, hakket

15 ml/1 spsk majsmel (majsstivelse)

1 løg, finthakket

30 ml/2 spsk sojasovs

15 ml/1 spsk risvin eller tør sherry

5 ml / 1 tsk salt

5 ml/1 tsk hakket ingefærrod

8 skiver brød skåret i trekanter

olie til stegning

Bland 1 æg med alle de resterende ingredienser undtagen brød og olie. Hæld blandingen over brødtrekanterne og tryk dem til en kuppel. Pensl med det resterende æg. Opvarm cirka 5 cm/2 tommer olie og steg brødtrekanterne, indtil de er gyldenbrune. Dræn godt af inden servering.

Svinekød og rejer Wonton med sød og sur sauce

Du bærer 4

120 ml/4 fl oz/¬Ω kop vand

60 ml/4 spsk vineddike

60 ml/4 spsk brun farin

30 ml/2 spsk tomatpuré (pasta)

10 ml/2 tsk majsmel (majsstivelse)

25 g/1 oz champignon, hakket

25 g/1 oz afskallede rejer, skåret i tern

50 g/2 oz magert svinekød i tern

2 løg (løg), hakket

5 ml/1 tsk sojasovs

2,5 ml/¬Ω tsk revet ingefærrod

1 fed hvidløg, knust

24 wonton skins

olie til stegning

Kom vand, vineddike, sukker, tomatpuré og majsmel i en lille gryde. Bring det i kog under konstant omrøring, og lad det derefter simre i 1 minut. Fjern fra varmen og hold varm.

Bland svampe, rejer, svinekød, løg, sojasovs, ingefær og hvidløg. Læg en skefuld fyld på hvert skind, pensl kanterne med vand og tryk sammen. Varm olien op og steg wontons et par gange ad gangen, indtil de er gyldenbrune. Afdryp på køkkenpapir og server varm med sursød sauce.

Hønsekødssuppe

Giver 2 quarts / 3½ point / 8½ kopper

1,5 kg/2 lb kogte eller rå kyllingeben

450 g/1 lb svinekød

1 cm/½ stykke ingefærrod

3 forårsløg (løg), skåret i skiver

1 fed hvidløg, knust

5 ml / 1 tsk salt

2,25 liter / 4 point / 10 kopper vand

Bring alle ingredienser i kog, læg låg på og lad det simre i 15 minutter. Fjern fedtet. Læg låg på og lad det simre i 1 1/2 time. Si, afkøl og skræl. Frys i små portioner eller køl og brug inden for 2 dage.

Bønne- og svinesuppe

Du bærer 4

450 g/1 lb svinekød, i tern

1,5 L/2½ pt/6 kopper kyllingesuppe

5 skiver ingefærrod

350 g/12 oz bønner

15 ml / 1 skefuld salt

Kog svinekødet i 10 minutter i kogende vand og afdryp. Kog bouillonen op og tilsæt svinekød og ingefær. Dæk til og lad det simre i 50 minutter. Tilsæt bønner og salt og lad det simre i 20 minutter.

Abalone og svampesuppe

Du bærer 4

60 ml/4 spsk jordnøddeolie

100 g/4 oz magert kød, skåret i strimler

225 g/8 oz dåse abalone, skåret i skiver

100 g/4 oz svampe, skåret i skiver

2 stilke selleri, skåret i skiver

50 g skinke skåret i strimler

2 løg, skåret i skiver

1,5 l / 2½ stk. / 6 kopper vand

30 ml/2 spsk vineddike

45 ml/3 spsk sojasovs

2 skiver ingefærrod, hakket

salt og friskkværnet peber

15 ml/1 spsk majsmel (majsstivelse)

45 ml/3 spsk vand

Varm olien op og steg svinekød, abalone, champignon, selleri, skinke og løg i 8 minutter. Tilsæt vand og vineddike, bring det i kog, læg låg på og lad det simre i 20 minutter. Tilsæt sojasovs, ingefær, salt og peber. Bland majsmel til en pasta vand, rør i suppen og lad det simre i 5 minutter under omrøring, indtil suppen bliver klar og tykner.

Kylling og asparges suppe

Du bærer 4

100 g kylling, hakket

2 æggehvider

2,5 ml / ½ tsk salt

30 ml/2 spsk majsmel (majsstivelse)

225 g/8 oz asparges, skåret i 5 cm/2 stykker

100 g/4 oz bønner

1,5 L/2½ pt/6 kopper kyllingesuppe

100 g/4 oz knapsvampe

Bland kyllingen med æggehvider, salt og fløde og lad det stå i 30 minutter. Kog kyllingen i kogende vand i ca. 10 minutter til det er kogt og lad det dryppe godt af. Kog aspargesene i kogende vand i 2 minutter og afdryp. Kog bønnerne i 3 minutter i kogende vand og afdryp. Hæld fonden i en stor gryde og tilsæt kylling, asparges, champignon og bønner. Kog op og smag til med salt. Kog i et par minutter for at udvikle smagen, og indtil grøntsagerne er bløde, men stadig sprøde.

Oksekød suppe

Du bærer 4

225 g/8 oz hakkebøf
15 ml/1 spsk sojasovs
15 ml/1 spsk risvin eller tør sherry
15 ml/1 spsk majsmel (majsstivelse)
1,2 L/2 pt/5 kopper kyllingesuppe
5 ml/1 tsk chilisauce
salt og peber
2 æg, pisket
6 løg (løg), hakket

Bland oksekød med sojasovs, vin eller sherry og majsmel. Tilsæt bouillon og bring det i kog under omrøring lidt efter lidt. Tilsæt chilipastaen og smag til med salt og peber, læg låg på og lad det simre i cirka 10 minutter under omrøring af og til. Bland æggene og server drysset med løg.

Kinesisk oksekød og bladsuppe

Du bærer 4

200 g magert oksekød, skåret i strimler

15 ml/1 spsk sojasovs

15 ml/1 spsk jordnøddeolie

1,5 L/2½ pt/6 kopper oksebouillon

5 ml / 1 tsk salt

2,5 ml / ½ tsk sukker

½ hoved af porcini blade, skåret i stykker

Bland kødet med sojasovs og olie og lad det marinere i 30 minutter under omrøring fra tid til anden. Kog bouillonen op med salt og sukker, tilsæt de kinesiske blade og kog i cirka 10 minutter, indtil de er næsten kogte. Tilsæt oksekødet og kog i yderligere 5 minutter.

Kålsuppe

Du bærer 4

60 ml/4 spsk jordnøddeolie

2 løg, hakket

100 g/4 oz magert kød, skåret i strimler

225 g/8 oz kinakål, strimlet

10 ml/2 tsk sukker

1,2 L/2 pt/5 kopper kyllingesuppe

45 ml/3 spsk sojasovs

salt og peber

15 ml/1 spsk majsmel (majsstivelse)

Varm olien op og steg løg og svinekød, indtil det er let brunet. Tilsæt kål og sukker og kog i 5 minutter. Tilsæt bouillon og sojasovs og smag til med salt og peber. Bring det i kog, dæk med låg og lad det simre i 20 minutter. Bland majsmelen med lidt vand, rør i suppen og lad det simre under omrøring, indtil suppen tykner og klarner.

Krydret oksekødsuppe

Du bærer 4

45 ml/3 spsk jordnøddeolie

1 fed hvidløg, knust

5 ml / 1 tsk salt

225 g/8 oz hakkebøf

6 løg (løg), skåret i strimler

1 rød peberfrugt, skåret i strimler

1 grøn peberfrugt, skåret i strimler

225 g/8 oz kål, revet

1 L/1¾ point/4¼ kopper oksebouillon

30 ml/2 spsk blommesauce

Jeg beholdt 30ml/2 spsk af saucen

45 ml/3 spsk sojasovs

2 stilke ingefær, hakket

2 æg

5 ml/1 tsk sesamolie

225 g/8 oz klare nudler, udblødte

Varm olien op og steg hvidløg og salt til de er let brunede. Tilsæt oksekødet og brun hurtigt. Tilsæt grøntsagerne og kog indtil de er gennemsigtige. Tilsæt bouillon, blommesauce, hoisinsauce, 30 ml/2

en skefuld sojasovs og ingefær, bring det i kog og kog i 10 minutter. Pisk æg med sesamolie og resten af sojasovsen. Tilsæt nudelsuppen og kog under omrøring, indtil der dannes æggestrenge og nudlerne er bløde.

Himmelsk suppe

Du bærer 4

2 teer, hakket

1 fed hvidløg, knust

30 ml/2 spsk frisk hakket persille

5 ml / 1 tsk salt

15 ml/1 spsk jordnøddeolie

30 ml/2 spsk sojasovs

1,5 l / 2½ stk. / 6 kopper vand

Bland forårsløg, hvidløg, persille, salt, olie og sojasovs sammen. Kog vand, hæld løgblandingen over og lad det stå i 3 minutter.

Kylling og bambusskudsuppe

Du bærer 4

2 kyllingelår

30 ml/2 spsk jordnøddeolie

5 ml/1 tsk risvin eller tør sherry

1,5 L/2½ pt/6 kopper kyllingesuppe

3 forårsløg, skåret i skiver

100 g/4 oz bambusskud, skåret i stykker

5 ml/1 tsk hakket ingefærrod

salt

Udben kyllingen og skær kødet i stykker. Varm olien op og steg kyllingen på alle sider. Tilsæt bouillon, løg, bambusskud og ingefær, bring det i kog og lad det simre i cirka 20 minutter, indtil kyllingen er mør. Smag til med salt inden servering.

Kylling og majssuppe

Du bærer 4

1 L/1¾ point/4¼ kopper hønsefond

100 g kylling, hakket

200 g/7 oz afskallede sukkermajs

skinke i skiver, hakket

sammenpisket æg

15 ml/1 spsk risvin eller tør sherry

Bring fond og kylling i kog, læg låg på og lad det simre i 15 minutter. Tilsæt majs og skinke, læg låg på og lad det simre i 5 minutter. Tilsæt æg og sherry, rør langsomt med en spisepind, så æggene danner snore. Fjern fra varmen, læg låg på og lad stå i 3 minutter før servering.

Kylling og ingefær suppe

Du bærer 4

4 tørrede kinesiske svampe
1,5 L/2½ pt/6 kopper vand eller hønsefond
225 g/8 oz kylling i tern
10 skiver ingefærrod
5 ml/1 tsk risvin eller tør sherry
salt

Udblød svampene i varmt vand i 30 minutter og afdryp. Kassér stilkene. Bring vandet eller bouillonen i kog sammen med resten af ingredienserne og lad det simre i cirka 20 minutter, indtil kyllingen er kogt.

Kinesisk kyllingesuppe med svampe

Du bærer 4

25 g/1 oz tørrede kinesiske svampe

100 g kylling, hakket

50 g/2 oz bambusskud, hakket

30 ml/2 spsk sojasovs

30 ml/2 spsk risvin eller tør sherry

1,2 L/2 pt/5 kopper kyllingesuppe

Udblød svampene i varmt vand i 30 minutter og afdryp. Kassér stilkene og klip hætterne af. Blancher svampe, kylling og bambusskud i kogende vand i 30 sekunder, og dræn derefter. Kom dem i en skål og bland med sojasovs og vin eller sherry. Lad marinere i 1 time. Kog bouillonen op, tilsæt kyllingeblandingen og marinade. Bland godt og kog i et par minutter, indtil kyllingen er gennemstegt.

Kylling og rissuppe

Du bærer 4

1 L/1¾ point/4¼ kopper hønsefond
225 g/8 oz/1 kop kogte langkornede ris
100 g/4 oz kogt kylling, skåret i strimler
1 løg, skåret i skiver
5 ml/1 tsk sojasovs

Varm forsigtigt alle ingredienserne op uden at lade suppen koge.

Kylling og kokossuppe

Du bærer 4

350 g/12 oz kyllingebryst

salt

10 ml/2 tsk majsmel (majsstivelse)

30 ml/2 spsk jordnøddeolie

1 grøn chili, hakket

1 L/1¾ point/4¼ kopper kokosmælk

5 ml/1 tsk revet citronskal

12 litchi

en knivspids revet muskatnød

salt og friskkværnet peber

2 blade af citronmelisse

Skær kyllingebrystet på tværs i tværgående strimler. Drys med salt og overtræk med majsmel. Opvarm 10 ml/2 tsk olie i en wok, rør og hæld. Gentag en gang til. Varm den resterende olie op og steg kylling og chili i 1 minut. Tilsæt kokosmælken og bring det i kog. Tilsæt citronskal og lad det simre i 5 minutter. Tilsæt litchien, smag til med muskatnød, salt og peber og server med citronmelisse.

Krebsdyrsuppe

Du bærer 4

2 tørrede kinesiske svampe

12 muslinger, udblødt og vasket

1,5 L/2½ pt/6 kopper kyllingesuppe

50 g/2 oz bambusskud, hakket

50 g/2 oz mangetout (sneærter), delt

2 løg (løg) skåret i runder.

15 ml/1 spsk risvin eller tør sherry

en knivspids friskkværnet peber

Udblød svampene i varmt vand i 30 minutter og afdryp. Kassér stilkene og del hætterne. Damp muslingerne i ca. 5 minutter, indtil de åbner sig; kasser eventuelle resterende lukkede. Fjern muslingerne fra skallen. Kog bouillonen op og tilsæt champignon, bambusskud, mangetou og løg. Kog uden låg i 2 minutter. Tilsæt muslinger, vin eller sherry og peber og kog indtil de er gennemvarme.

Æggesuppe

Du bærer 4

1,2 L/2 pt/5 kopper kyllingesuppe
3 æg, pisket
45 ml/3 spsk sojasovs
salt og friskkværnet peber
4 te(e), skåret i skiver

Kog bouillonen op. Pisk de sammenpiskede æg i gradvist, så de skilles i tråde. Rør sojasaucen i og smag til med salt og peber. Den serveres pyntet med forårsløg.

Krabbe og muslingesuppe

Du bærer 4

4 tørrede kinesiske svampe

15 ml/1 spsk jordnøddeolie

1 æg, pisket

1,5 L/2½ pt/6 kopper kyllingesuppe

175 g/6 oz krabbekød, i flager

100 g/4 oz kammuslinger afskallede, skåret i skiver

100 g/4 oz bambusskud, skåret i skiver

2 løg (løg), hakket

1 skive ingefærrod, hakket

et par kogte og rensede rejer (valgfrit)

45 ml/3 spsk majsmel (majsstivelse)

90 ml/6 spsk vand

30 ml/2 spsk risvin eller tør sherry

20 ml/4 teskefulde sojasovs

2 æggehvider

Udblød svampene i varmt vand i 30 minutter og afdryp. Kassér stilkene og skær hætterne i tynde skiver. Varm olien op, tilsæt ægget og vip panden, så ægget dækker bunden. Kog indtil sæt, vend derefter og steg den anden side. Tag af panden, rul og skær i tynde strimler.

Kog bouillonen, tilsæt svampe, æggestrimler, krabbekød, muslinger, bambusskud, te, ingefær og rejer, hvis du bruger det. Kog igen. Bland majsmelet med 60 ml/4 spsk vand, vin eller sherry og sojasovs og rør i suppen. Lad det koge under omrøring, indtil suppen tykner. Pisk æggehviderne med resten af vandet og hæld blandingen langsomt i suppen under kraftig omrøring.

Krabbesuppe

Du bærer 4

90 ml/6 spsk jordnøddeolie
3 løg, hakket
225 g/8 oz hvidt og brunt krabbekød
1 skive ingefærrod, hakket
1,2 L/2 pt/5 kopper kyllingesuppe
150 ml/¼ pt/kop risvin eller tør sherry
45 ml/3 spsk sojasovs
salt og friskkværnet peber

Varm olien op og steg løget, indtil det er blødt, men ikke brunet. Tilsæt krabbekød og ingefær og kog i 5 minutter. Tilsæt bouillon, vin eller sherry og sojasauce, smag til med salt og peber. Bring det i kog og lad det simre i 5 minutter.

Fiske suppe

Du bærer 4

225 g/8 oz fiskefileter
1 skive ingefærrod, hakket
15 ml/1 spsk risvin eller tør sherry
30 ml/2 spsk jordnøddeolie
1,5 L/2½ pt/6 kopper fiskesuppe

Skær fisken mod kornet i tynde strimler. Bland ingefær, vin eller sherry og olie, tilsæt fisken og vend forsigtigt. Lad dem marinere i 30 minutter, vend dem fra tid til anden. Kog bouillonen op, tilsæt fisken og lad den koge ved svag varme i 3 minutter.

Fiskesuppe og salat

Du bærer 4

225 g/8 oz hvide fiskefileter

30 ml/2 spsk almindeligt (all-purpose) mel.

salt og friskkværnet peber

90 ml/6 spsk jordnøddeolie

6 te(er), skåret i skiver

100 g/4 oz salat, hakket

1,2 l / 2 stykker / 5 kopper vand

10 ml/2 tsk finthakket ingefærrod

150 ml / ¼ pt / generøs ½ kop risvin eller tør sherry

30 ml/2 spsk majsmel (majsstivelse)

30 ml/2 spsk frisk hakket persille

10 ml/2 tsk citronsaft

30 ml/2 spsk sojasovs

Skær fisken i tynde strimler og bland derefter med krydret mel. Varm olien op og svits løget til det er blødt. Tilsæt salaten og kog i 2 minutter. Tilsæt fisken og kog i 4 minutter. Tilsæt vand, ingefær og vin eller sherry, bring det i kog, læg låg på og lad det simre i 5 minutter. Bland majsmelen med lidt vand og rør derefter i suppen. Kog i yderligere 4 minutter, under omrøring, indtil suppen

rengør og krydr med salt og peber. Den serveres drysset med persille, citronsaft og sojasovs.

Ingefærbollesuppe

Du bærer 4

5 cm/2 stykker ingefærrod, revet

350 g/12 oz brun farin

1,5 l / 2½ point / 7 kopper vand

225 g/8 oz/2 kopper rismel

2,5 ml / ½ tsk salt

60 ml/4 spsk vand

Kom ingefær, sukker og vand i en gryde og bring det i kog under omrøring. Dæk til og lad simre i cirka 20 minutter. Si suppen og kom tilbage i gryden.

Kom imens mel og salt i en skål og bland gradvist vandet i til en tyk dej. Rul den til små kugler og kom dumplings ned i suppen. Bring suppen i kog igen, dæk med låg og kog i yderligere 6 minutter, indtil dumplings er kogt.

Stærk og syrlig suppe

Du bærer 4

8 tørrede kinesiske svampe

1 L/1¾ point/4¼ kopper hønsefond

100 g kylling, skåret i strimler

100 g/4 oz bambusskud, skåret i strimler

100 g/4 oz tofu, skåret i strimler

15 ml/1 spsk sojasovs

30 ml/2 spsk vineddike

30 ml/2 spsk majsmel (majsstivelse)

2 æg, pisket

et par dråber sesamolie

Udblød svampene i varmt vand i 30 minutter og afdryp. Kassér stilkene og skær hætterne i strimler. Kog svampe, bouillon, kylling, bambusskud og tofu, læg låg på og lad det simre i 10 minutter. Bland sojasovsen, vineddike og majsmel til en jævn pasta, rør i suppen og kog i 2 minutter, indtil suppen bliver gennemsigtig. Tilsæt æg og sesamolie langsomt, mens du blander med en spisepind. Dæk til og lad stå 2 minutter før servering.

Svampesuppe

Du bærer 4

15 tørrede kinesiske svampe
1,5 L/2½ pt/6 kopper kyllingesuppe
5 ml / 1 tsk salt

Blødgør svampene i varmt vand i 30 minutter, sigt derefter, mens væsken opbevares. Kassér stilkene og del hætterne i to, hvis de er store, og læg dem i en stor varmefast skål. Stil skålen på dampstativet. Kog fonden op, hæld svampene over, dæk med låg og damp i 1 time over let kogende vand. Smag til med salt og server.

Svampe- og kålsuppe

Du bærer 4

25 g/1 oz tørrede kinesiske svampe

15 ml/1 spsk jordnøddeolie

50 g/2 oz kinablade, hakket

15 ml/1 spsk risvin eller tør sherry

15 ml/1 spsk sojasovs

1,2 L/2 pt/5 kopper kylling eller grøntsagssuppe

salt og friskkværnet peber

5 ml/1 tsk sesamolie

Udblød svampene i varmt vand i 30 minutter og afdryp. Kassér stilkene og klip hætterne af. Varm olien op og steg champignon og kinablade i 2 minutter, indtil de er godt dækket. Rør vin eller sherry og sojasovs i, og tilsæt derefter fonden. Bring i kog, krydr med salt og peber og kog i 5 minutter. Dryp med sesamolie inden servering.

Svampesuppe og æggedråber

Du bærer 4

1 L/1¾ point/4¼ kopper hønsefond
30 ml/2 spsk majsmel (majsstivelse)
100 g/4 oz svampe, skåret i skiver
1 skive løg, finthakket
lidt salt
3 dråber sesamolie
2,5 ml/½ tsk sojasovs
1 æg, pisket

Bland noget af bouillonen med fløden og bland derefter alle ingredienserne undtagen ægget. Bring det i kog, læg låg på og lad det simre i 5 minutter. Tilsæt ægget, rør med en spisepind for at danne tråde. Fjern fra varmen og lad stå i 2 minutter før servering.

Kastanjesuppe med svampe og vand

Du bærer 4

1 L/1¾ point/4¼ kopper grøntsagsbouillon eller vand
2 løg, finthakket
5 ml/1 tsk risvin eller tør sherry
30 ml/2 spsk sojasovs
225 g/8 oz knapsvampe
100 g/4 oz vandkastanjer, skåret i skiver
100 g/4 oz bambusskud, skåret i skiver
et par dråber sesamolie
2 salatblade, skåret i stykker
2 forårsløg (løg), skåret i stykker

Kog vand, løg, vin eller sherry og sojasovs, læg låg på og lad det simre i 10 minutter. Tilsæt svampe, vandkastanjer og bambusskud, læg låg på og lad det simre i 5 minutter. Tilsæt sesamolie, salatblade og løg, tag af varmen, læg låg på og lad det stå i 1 minut før servering.

Svinekød og svampesuppe

Du bærer 4

60 ml/4 spsk jordnøddeolie

1 fed hvidløg, knust

2 løg, skåret i skiver

225 g/8 oz magert svinekød, skåret i skiver

1 selleri stilk, hakket

50 g/2 oz svampe, skåret i skiver

2 gulerødder, skåret i skiver

1,2 L/2 pt/5 kopper oksebouillon

15 ml/1 spsk sojasovs

salt og friskkværnet peber

15 ml/1 spsk majsmel (majsstivelse)

Varm olien op og steg hvidløg, løg og svinekød, indtil løget er blødt og let brunet. Tilsæt selleri, champignon og gulerod, læg låg på og lad det simre i 10 minutter. Kog bouillonen op, kom i gryden med soyasovsen og smag til med salt og peber. Bland majsmel med lidt vand, tilsæt derefter til gryden og kog under omrøring i cirka 5 minutter.

Svinekød og brøndkarse suppe

Du bærer 4

1,5 L/2½ pt/6 kopper kyllingesuppe
100 g/4 oz magert kød, skåret i strimler
3 stilke selleri, skåret i skiver
2 te(e), skåret i skiver
1 bundt brøndkarse
5 ml / 1 tsk salt

Kog bouillonen op, tilsæt svinekød og selleri, læg låg på og lad det koge i 15 minutter. Tilsæt forårsløg, brøndkarse og salt og lad det koge uden låg i cirka 4 minutter.

Svinekød og agurkesuppe

Du bærer 4

100 g/4 oz magert svinekød, skåret i tynde skiver
5 ml/1 tsk majsmel (majsstivelse)
15 ml/1 spsk sojasovs
15 ml/1 spsk risvin eller tør sherry
1 agurk
1,5 L/2½ pt/6 kopper kyllingesuppe
5 ml / 1 tsk salt

Bland svinekød, majsmel, sojasovs og vin eller sherry. Kast svinekød til pels. Skræl og skær agurkerne i halve på langs og fjern kernerne. Skær tykt. Kog bouillonen, tilsæt svinekødet, dæk med låg og kog i 10 minutter. Rør agurken i og kog i et par minutter, indtil den er gennemsigtig. Rør salt i og tilsæt eventuelt lidt mere sojasovs.

Flæskekugle og nudelsuppe

Du bærer 4

50 g/2 oz risnudler

225 g/8 oz hakket svinekød (malet).

5 ml/1 tsk majsmel (majsstivelse)

2,5 ml / ½ tsk salt

30 ml/2 spsk vand

1,5 L/2½ pt/6 kopper kyllingesuppe

1 forårsløg (løg), finthakket

5 ml/1 tsk sojasovs

Kom nudlerne i koldt vand, mens du laver frikadellerne. Bland svinekød, majsmel, lidt salt og vand og form kugler på størrelse med valnødde. Varm vandet op i en kedel til det koger, tilsæt svinekuglerne, læg låg på og lad det koge i 5 minutter. Dræn godt af og afdryp nudlerne. Bring fonden i kog, tilsæt svinekugler og nudler, læg låg på og lad det simre i 5 minutter. Tilsæt løget, sojasovsen og det resterende salt og kog i yderligere 2 minutter.

Spinat og tofu suppe

Du bærer 4

1,2 L/2 pt/5 kopper kyllingesuppe
200 g/7 oz dåse tomater, drænet og hakket
225 g/8 oz tofu, skåret i tern
225 g/8 oz spinat, hakket
30 ml/2 spsk sojasovs
5 ml/1 tsk brun farin
salt og friskkværnet peber

Kog bouillonen op, tilsæt tomater, tofu og spinat og bland forsigtigt. Bring det i kog igen og lad det simre i 5 minutter. Tilsæt sojasovs og sukker og smag til med salt og peber. Kog i 1 minut inden servering.

Suppe med sukkermajs og krabbe

Du bærer 4

1,2 L/2 pt/5 kopper kyllingesuppe
200 g/7 oz sukkermajs
salt og friskkværnet peber
1 æg, pisket
200 g/7 oz krabbekød, i flager
3 skalotteløg, hakket

Kog bouillonen op, tilsæt søde majskrydderier med salt og peber. Kog i 5 minutter. Lige inden servering hældes æggene gennem en gaffel og røres ovenpå suppen. Den serveres drysset med krabbekød og hakket skalotteløg.

Sichuan suppe

Du bærer 4

4 tørrede kinesiske svampe

1,5 L/2½ pt/6 kopper kyllingesuppe

75 ml/5 spsk tør hvidvin

15 ml/1 spsk sojasovs

2,5 ml/½ tsk chilisauce

30 ml/2 spsk majsmel (majsstivelse)

60 ml/4 spsk vand

100 g/4 oz magert kød, skåret i strimler

50 g/2 oz kogt skinke, skåret i strimler

1 rød peberfrugt, skåret i strimler

50 g/2 oz vandkastanjer, skåret i skiver

10 ml/2 teskefulde vineddike

5 ml/1 tsk sesamolie

1 æg, pisket

100 g/4 oz afskallede rejer

6 løg (løg), hakket

175 g/6 oz tofu, skåret i tern

Udblød svampene i varmt vand i 30 minutter og afdryp. Kassér stilkene og klip hætterne af. Medbring bouillon, vin, soja sauce og chilisauce i kog, læg låg på og lad det simre i 5 minutter. Bland majsmelen med halvdelen af vandet og rør i suppen under omrøring indtil suppen tykner. Tilsæt svampe, svinekød, skinke, peber og vandkastanjer og lad det simre i 5 minutter. Bland vineddike og sesamolie. Pisk ægget sammen med resten af vandet og bland det i suppen under kraftig omrøring. Tilsæt rejer, løg og tofu og kog i et par minutter for at blive varmet igennem.

Tofu suppe

Du bærer 4

1,5 L/2½ pt/6 kopper kyllingesuppe

225 g/8 oz tofu, skåret i tern

5 ml / 1 tsk salt

5 ml/1 tsk sojasovs

Kog bouillonen op og tilsæt tofu, salt og sojasovs. Lad det simre et par minutter, indtil tofuen er gennemvarmet.

Tofu og fiskesuppe

Du bærer 4

225 g/8 oz hvide fiskefileter, skåret i strimler
150 ml / ¼ pt / generøs ½ kop risvin eller tør sherry
10 ml/2 tsk finthakket ingefærrod
45 ml/3 spsk sojasovs
2,5 ml / ½ tsk salt
60 ml/4 spsk jordnøddeolie
2 løg, hakket
100 g/4 oz svampe, skåret i skiver
1,2 L/2 pt/5 kopper kyllingesuppe
100 g/4 oz tofu, skåret i tern
salt og friskkværnet peber

Læg fisken i en skål. Rør vin eller sherry, ingefær, sojasovs og salt i og hæld over fisken. Lad marinere i 30 minutter. Varm olien op og steg løget i 2 minutter. Tilsæt svampene og steg videre, indtil løgene er bløde, men ikke brunede. Tilsæt fisk og marinade, bring det i kog, læg låg på og lad det simre i 5 minutter. Tilsæt bouillon, bring det i kog igen, læg låg på og lad det simre i 15 minutter. Tilsæt tofu og smag til med salt og peber. Lad det simre, indtil tofuen er kogt.

Tomatsuppe

Du bærer 4

400 g/14 oz dåse tomater, drænet og hakket

1,2 L/2 pt/5 kopper kyllingesuppe

1 skive ingefærrod, hakket

15 ml/1 spsk sojasovs

15 ml/1 spsk chilisauce

10 ml/2 tsk sukker

Kom alle ingredienserne i en gryde og bring det langsomt i kog under omrøring af og til. Kog i cirka 10 minutter før servering.

Tomat og spinatsuppe

Du bærer 4

1,2 L/2 pt/5 kopper kyllingesuppe
225 g/8 oz dåse tomater i tern
225 g/8 oz tofu, skåret i tern
225 g/8 oz spinat
30 ml/2 spsk sojasovs
salt og friskkværnet peber
2,5 ml / ½ tsk sukker
2,5 ml/½ tsk risvin eller tør sherry

Kog bouillonen op, tilsæt tomater, tofu og spinat og kog i 2 minutter. Tilsæt resten af ingredienserne og kog i 2 minutter, bland derefter godt og server.

Kålsuppe

Du bærer 4

1 L/1¾ point/4¼ kopper hønsefond

1 stor majroe, skåret i tynde skiver

200 g/7 oz magert svinekød, skåret i tynde skiver

15 ml/1 spsk sojasovs

60 ml/4 skeer cognac

salt og friskkværnet peber

4 skalotteløg, finthakket

Kog bouillonen op, tilsæt majroen og svinekødet, læg låg på og lad det simre i 20 minutter, indtil majroen er blød og kødet tilberedt. Rør sojasovs og brandy i efter smag. Kog indtil serveret varm, drysset med skalotteløg.

Grøntsagssuppe

Du bærer 4

6 tørrede kinesiske svampe

1 L/1¾ point/4¼ kopper grøntsagsbouillon

50 g/2 oz bambusskud, skåret i strimler

50 g/2 oz vandkastanjer, skåret i skiver

8 mangetout (sneærter), skåret i skiver

5 ml/1 tsk sojasovs

Udblød svampene i varmt vand i 30 minutter og afdryp. Kassér stilkene og skær hætterne i strimler. Tilsæt dem til fonden sammen med bambusskud og vandkastanjer og bring det i kog, læg låg på og lad det simre i 10 minutter. Tilsæt mangeout og sojasovs, læg låg på og kog i 2 minutter. Lad det stå i 2 minutter inden servering.

Vegetar suppe

Du bærer 4

¼ *hvidkål*
2 *gulerødder*
3 *stilke selleri*
2 *forårsløg (løg)*
30 *ml/2 spsk jordnøddeolie*
1,5 *l / 2½ stk. / 6 kopper vand*
15 *ml/1 spsk sojasovs*
15 *ml/1 spsk risvin eller tør sherry*
5 *ml / 1 tsk salt*
friskkværnet peber

Skær grøntsagerne i strimler. Varm olien op og steg grøntsagerne i 2 minutter, indtil de begynder at blive bløde. Tilsæt de resterende ingredienser, bring det i kog, læg låg på og lad det simre i 15 minutter.

Brøndkarse suppe

Du bærer 4

1 L/1¾ point/4¼ kopper hønsefond
1 løg, finthakket
1 bladselleri, finthakket
225 g/8 oz brøndkarse, groft hakket
salt og friskkværnet peber

Kog bouillon, løg og selleri, dæk med låg og kog i 15 minutter. Tilsæt brøndkarse, læg låg på og lad det simre i 5 minutter. Smag til med salt og peber.

Stegt fisk med grøntsager

Du bærer 4

4 tørrede kinesiske svampe
4 hele fisk, renset og renset
olie til stegning
30 ml/2 spsk majsmel (majsstivelse)
45 ml/3 spsk jordnøddeolie
100 g/4 oz bambusskud, skåret i strimler
50 g/2 oz vandkastanjer, skåret i strimler
50 g/2 oz kinakål, strimlet
2 skiver ingefærrod, hakket
30 ml/2 spsk risvin eller tør sherry
30 ml/2 spsk vand
15 ml/1 spsk sojasovs
5 ml/1 tsk sukker
120 ml/4 fl oz/¬Ω fiskefond kop
salt og friskkværnet peber
¬Ω salat, hakket
15 ml/1 spsk hakket fladbladet persille

Udblød svampene i varmt vand i 30 minutter og afdryp. Kassér stilkene og klip hætterne af. Skær fisken i halve majsmel og ryst overskydende af. Varm olien op og steg fisken i cirka 12 minutter, indtil den er gennemstegt. Afdryp på køkkenrulle og hold varmt.

Varm olien op og steg champignon, bambusskud, vandkastanjer og kål i 3 minutter. Tilsæt ingefær, vin eller sherry, 15 ml/1 spsk vand, sojasovs og sukker og kog i 1 minut. Tilsæt bouillon, salt og peber, bring det i kog, læg låg på og lad det simre i 3 minutter. Bland majsmelet med det resterende vand, kom i gryden og kog under omrøring, indtil saucen tykner. Læg salaten på et serveringsfad og læg fisken ovenpå. Hæld grøntsagerne og saucen over og server pyntet med persille.

Hel kogt fisk

Du bærer 4

1 stor aborre eller lignende fisk

45 ml/3 spsk majsmel (majsstivelse)

45 ml/3 spsk jordnøddeolie

1 løg, hakket

2 fed hvidløg, hakket

50 g skinke skåret i strimler

100 g/4 oz afskallede rejer

15 ml/1 spsk sojasovs

15 ml/1 spsk risvin eller tør sherry

5 ml/1 tsk sukker

5 ml / 1 tsk salt

Overtræk fisk med majsmel. Varm olien op og steg løg og hvidløg til de er let brunede. Tilsæt fisken og steg til den er brunet på begge sider. Læg fisken på et stykke folie i bradepanden og top med skinke og rejer. Tilsæt sojasovsen, vin eller sherry, sukker og salt til gryden og bland godt. Hæld over fisken, dæk med folie og bag i en forvarmet ovn ved 150¬∞C/300¬∞F/gasmærke 2 i 20 minutter.

Dampet sojafisk

Du bærer 4

1 stor aborre eller lignende fisk

salt

50 g/2 oz/¬Ω kop almindeligt (all-purpose) mel.

60 ml/4 spsk jordnøddeolie

3 skiver ingefærrod, hakket

3 teer, hakket

250 ml/8 fl oz/1 kop vand

45 ml/3 spsk sojasovs

15 ml/1 spsk risvin eller tør sherry

2,5 ml/¬Ω teskefuld sukker

Rens fisken og rens den diagonalt fra begge sider. Drys med salt og lad det stå i 10 minutter. Varm olien op og steg den brune fisk på begge sider, vend en gang og pensl med olie under stegningen. Tilsæt ingefær, forårsløg, vand, sojasovs, vin eller sherry og sukker, bring det i kog, læg låg på og kog i 20 minutter, indtil fisken er kogt. Serveres varm eller kold.

Sojafisk med østerssauce

Du bærer 4

1 stor aborre eller lignende fisk

salt

60 ml/4 spsk jordnøddeolie

3 teer, hakket

2 skiver ingefærrod, hakket

1 fed hvidløg, knust

45 ml/3 spsk østerssauce

30 ml/2 spsk sojasovs

5 ml/1 tsk sukker

250 ml/8 fl oz/1 kop fiskefond

Rens fisken, rens og skær flere gange diagonalt på begge sider. Drys med salt og lad det stå i 10 minutter. Varm det meste af olien op og steg fisken, indtil den er brunet på begge sider, vend én gang. Varm samtidig resten af olien op i en separat pande og steg løg, ingefær og hvidløg let brunet. Tilsæt østerssaucen, sojasovsen og sukkeret og steg i 1 minut. Tilsæt bouillon og bring det i kog. Hæld blandingen over den brunede fisk, bring det i kog, dæk med låg og lad det koge i ca.

15 minutter til fisken er kogt, vend en eller to gange under tilberedningen.

Dampet bas

Du bærer 4

1 stor aborre eller lignende fisk

2,25 l / 4 point / 10 kopper vand

3 skiver ingefærrod, hakket

15 ml / 1 skefuld salt

15 ml/1 spsk risvin eller tør sherry

30 ml/2 spsk jordnøddeolie

Rens fisken, rens og skær begge sider flere gange diagonalt. Kog vand i en stor gryde og tilsæt resten af ingredienserne. Læg fisken i vandet, dæk godt til, sluk for varmen og lad det stå i 30 minutter, indtil fisken er kogt.

Stuvet fisk med svampe

Du bærer 4

4 tørrede kinesiske svampe

1 stor karpe eller lignende fisk

salt

45 ml/3 spsk jordnøddeolie

2 teer, hakket

1 skive ingefærrod, hakket

3 fed hvidløg, hakket

100 g/4 oz bambusskud, skåret i strimler

250 ml/8 fl oz/1 kop fiskefond

30 ml/2 spsk sojasovs

15 ml/1 spsk risvin eller tør sherry

2,5 ml/¬Ω teskefuld sukker

Udblød svampene i varmt vand i 30 minutter og afdryp. Kassér stilkene og klip hætterne af. Skær fisken diagonalt flere gange på begge sider, drys med salt og lad den stå i 10 minutter. Varm olien op og steg fisken let brunet på begge sider. Tilsæt forårsløg, ingefær og hvidløg og steg i 2 minutter. Tilsæt resten af ingredienserne, bring det i kog, læg låg på og lad det simre i 15 minutter til fisken er kogt, vend en eller to gange og rør af og til.

Sød og sur fisk

Du bærer 4

1 stor aborre eller lignende fisk

1 æg, pisket

50 g majsmel (majsstivelse)

olie til stegning

Til saucen:

15 ml/1 spsk jordnøddeolie

1 grøn peberfrugt, skåret i strimler

100 g/4 oz dåse ananas bidder i sirup

1 løg, skåret i skiver

100 g/4 oz/¬Ω kop brun farin

60 ml/4 spsk hønsefond

60 ml/4 spsk vineddike

15 ml/1 spsk tomatpuré (pasta)

15 ml/1 spsk majsmel (majsstivelse)

15 ml/1 spsk sojasovs

3 løg (løg), hakket

Rens fisken og fjern finnerne og hovedet, hvis det ønskes. Pensl den med sammenpisket æg og derefter med kærnemælk. Varm olien op og steg fisken til den er gennemstegt. Dræn godt af og hold varmen.

For at tilberede saucen, opvarm olien og steg peber, afdryppet ananas og løg i 4 minutter. Tilsæt 30 ml/2 spsk ananassirup, sukker, bouillon, vineddike, tomatpuré, olie og sojasauce og bring det i kog under omrøring. Bring det i kog under omrøring, indtil saucen bliver klar og tykner. Hæld over fisken og server drysset med løg.

Fisk fyldt med svinekød

Du bærer 4

1 stor karpe eller lignende fisk

salt

100 g/4 oz hakket (malet) svinekød.

1 løg (løg), hakket

4 skiver ingefærrod, hakket

15 ml/1 spsk majsmel (majsstivelse)

60 ml/4 spsk sojasovs

15 ml/1 spsk risvin eller tør sherry

5 ml/1 tsk sukker

75 ml/5 spsk jordnøddeolie

2 fed hvidløg, hakket

1 løg, skåret i skiver

300 ml/¬Ω for/1¬° kop vand

Rens og skind fisken og drys med salt. Bland svinekød, forårsløg, lidt ingefær, majsmel, 15 ml/1 spsk sojasovs, vin eller sherry og sukker og brug til at fylde fisken. Varm olien op og steg fisken let brunet på begge sider, tag derefter af panden og dræn det meste af olien. Tilsæt det resterende hvidløg og ingefær og steg indtil let brunet.

Tilsæt den resterende sojasovs og vand, bring det i kog og lad det simre i 2 minutter. Læg fisken tilbage i gryden, læg låg på og lad den stege i cirka 30 minutter til fisken er kogt, vend den en eller to gange.

Stuvet krydret karpe

Du bærer 4

1 stor karpe eller lignende fisk
150 ml/¬° pt/type ¬Ω kop jordnøddeolie
15 ml/1 spsk sukker
2 fed hvidløg, finthakket
100 g/4 oz bambusskud, skåret i skiver
150 ml/¬° til/kursus ¬Ω kop fiskefond
15 ml/1 spsk risvin eller tør sherry
15 ml/1 spsk sojasovs
2 løg (løg), hakket
1 skive ingefærrod, hakket
15 ml/1 spsk vineddike salt

Rens og rens fisken og lad den trække i koldt vand i flere timer. Tør og tør, og lav derefter flere snit på begge sider. Varm olien op og steg fisken fast på begge sider. Fjern fra panden og afdryp, behold 30 ml/2 spsk olie. Tilsæt sukkeret i gryden og rør til det er mørkt. Tilsæt hvidløg og bambusskud og bland godt. Tilsæt resten af ingredienserne, bring det i kog, kom fisken tilbage i gryden, læg låg på og lad den koge ved svag varme i cirka 15 minutter, til fisken er kogt.

Overfør fisken til et opvarmet serveringsfad og hæld saucen over.

www.ingramcontent.com/pod-product-compliance
Lightning Source LLC
Chambersburg PA
CBHW050152130526

44591CB00033B/1281